GUIDELINES FOR MUSEUMS DEVELOPING
CULTURAL AND CREATIVE INDUSTRY

博物馆文创产业
发展指引

主　编　王亚琼　郭向东

人民日报出版社

北　京

图书在版编目（CIP）数据

博物馆文创产业发展指引 / 王亚琼，郭向东主编. —北京：人民日报出版社，2022.9
ISBN 978-7-5115-7455-8

Ⅰ.①博… Ⅱ.①王…②郭… Ⅲ.①博物馆 - 文化产品 - 产业发展 - 研究 - 中国 Ⅳ.①G269.23

中国版本图书馆CIP数据核字（2022）第159941号

书　　名：博物馆文创产业发展指引
　　　　　BOWUGUAN WENCHUANG CHANYE FAZHAN ZHIYIN
主　　编：王亚琼　郭向东

出 版 人：刘华新
责任编辑：万方正
封面设计：梁　莹

出版发行：人民日报出版社
社　　址：北京金台西路2号
邮政编码：100733
发行热线：（010）65369527　65369509　65369512　65369846
邮购热线：（010）65369530　65363527
编辑热线：（010）65369521
网　　址：www.peopledailypress.com
经　　销：新华书店
印　　刷：天津市钧亚印务有限公司

开　　本：880mm×1230mm　　1/32
字　　数：92千字
印　　张：3.875
版次印次：2022 年 10 月第 1 版　　2022 年 10 月第 1 次印刷

书　　号：ISBN 978-7-5115-7455-8
定　　价：42.00 元

编 委 会

主　编：

　　王亚琼（大成律师事务所合伙人）

　　郭向东（秦始皇帝陵博物院副院长）

参　编（按姓氏笔画排序）：

　　卫　青　冯　博　李　虎　李晨阳

　　杨梦曦　张锦涛　胡婉婷　郭雪梅

序

　　《博物馆文创产业发展指引》一书完成后，作者数次找到我，请我为书作序。我推托过两三次：其一，刚到博物院工作，事情千头万绪，实在有些分心乏术；其二，对于博物馆文创产业，自己本身就是门外汉，正在了解、学习中，指手画脚实恐贻笑大方。但拗不过作者的热情，认真地翻阅文稿后，不禁让我惊喜，带给我动力。这个思维活跃的创作团队，不但对当下流行元素的嗅觉很敏锐，而且迸发出的想法更为独立、创新。尤为可贵的是，他们正在用专业的素养、积极的态度，饱含着激情来做这些事。因此，我也愿意在此抒发几分愚见，与作者以及更多文创行业的从业者，互为师友，共同发掘中国传统文化中的亮点与博物馆发展的新路径。

　　文化是一个国家的灵魂。在现代，文化是软实力，更是一个国家、一个民族的精神内核。党的十八大以来，习近平总书记在多个场合谈到中国传统文化，表达了自己对中国传统文化、传统思想价值体系的认同与尊崇。2013 年 11 月 26 日，习近平总书记在山东曲阜考察时指出："一个国家、一个民族的强盛，总是以文化兴盛为支撑的，中华民族伟大复兴需要以中华文化发展繁荣为条件。"他在党的十九大报告中指出，要"深入挖掘中华优秀传统文化蕴含的思想观念、人文精神、道德规范，结合时代要求继承创新，让中华文化展现出永久魅力和时代风采"。

博物馆是传统文化的重要载体，也是悠久历史的具体凝聚。博物馆不但承担着陈列、典藏、研究文物的功能，还担负着向公众提供知识、教育和科普的文化教育职能。而博物馆文创则是博物馆教育功能的延伸，但其目的绝不仅仅是销售文创产品，而是要让博物馆中文化资源的价值得到更广泛的传播和认可，让更多的人在文创体验中感受到文化的魅力，这是博物馆文创发展的必然趋势。

有一件事，我记忆尤深。在孩子们玩的手机游戏里，敦煌莫高窟里的飞天正在翩翩起舞，反弹琵琶。传承千年的经典中华文化元素与时下的流行文化完美交融，有文化、有内涵，并且时尚，毫无违和之感。这带给我很大的震动。随着经济社会的快速发展，外来文化的进入与新文化的诞生，更多有趣的、更符合当下人们感官体验的文化占据了大众的日常文化生活。作为历史载体的典藏者，作为传统文化的传播者，我们需要发掘更为符合当下审美、当下流行趋势的文化创意方向。这就不仅要有想法，而且要有方法。

近年来，各地博物馆或多或少都在国家政策的扶持下，在蓬勃发展的文化市场的推动下，将博物馆的文化资源与现代流行元素有机结合，开展了各具特色的文化创意产品的开发工作，取得了很大成绩。各类产品琳琅满目，有创意也有制作，其中不乏设计精美、价格适中，兼具纪念意义和实用功能的"网红"产品，受到消费者的欢迎与好评。这不仅提升了博物馆自身的文化吸引力，更扩大了受众群体，也使得博物馆文化借助文创产品的走红得到更广泛的传播。但总体上，我国的博物馆文创产业还处于初步探索阶段，在产品设计、开发模式、市场推广、产业链等方面还略显稚嫩，不但缺乏资金、政策的支撑，更缺乏经验的总结和方法的研究。而《博物馆文创产业发展指引》在这些方面进行了有益的总结和探索，对博物馆如何走文创产业发展之路提出自己的认识和见解。

本书从产业概述、产业链、文化区域建设、产品发展等多角度对博物馆文创工作进行细致的阐述与讲解。除此之外，因为创作团队成员具有法律工作从业背景，书中还附录了文创产业常见纠纷处理与常见合同条款，能让读者在发掘博物馆文化创新方向上得到启发，也能让读者在博物馆文化创新的具体实施上得到有效建议。人不应该只凭经验做事情，在这个快速发展、日新月异的时代更是如此。我希望本书的出版，能为博物馆管理者和文创产业从业者提供一本工具书，让大家在博物馆文创产业的开发中丰富认知、拓宽思路、少走弯路，使我们的文创产品在文化市场上更具竞争力和吸引力。

时代在发展，国家在发展。作为中华优秀传统文化的继承者与守护者，我们不能墨守成规，而应该先破后立，打破陈旧的思维桎梏，不断寻找符合时代发展的创新方法。让更多人看到，让更多人了解，让更多人喜欢。这历史，这文化，这些博物馆中见证千百年历史的物件，不仅源远流长，更要熠熠生辉。

权以为序，与读者共飨。

秦始皇帝陵博物院党委书记、院长　李岗

2021 年 3 月 20 日

前　言

2015 年至今，是博物馆文创产业备受关注并高速发展的时期。

2015 年 3 月 20 日，《博物馆条例》施行，国家鼓励博物馆挖掘藏品内涵，与文化创意、旅游等产业相结合，开发衍生产品，增强博物馆发展能力，以此为起点，博物馆从事文创开发的营利性经营性活动有了更为坚实的法律法规制度保障。随之而来，《关于进一步加强文物工作的指导意见》《关于推动文化文物单位文化创意产品开发的若干意见》《国家文物事业发展"十三五"规划》《博物馆馆藏资源著作权、商标权和品牌授权操作指引（试行）》等一系列文件出台，文化创意产业在政策层面俨然成为博物馆的"标配"。

在一系列政策红利、市场导向推动下，越来越多的博物馆开始寻求创新，发掘自身馆藏资源进行 IP 开发，越来越多的企业、地方政府也将发展的眼光投向博物馆文创产业，博物馆文创产业规模不断扩大，2018 年的统计数据显示我国博物馆行业年度产值为 332.87 亿元，增长速度达到 12.58%。

耳熟能详的"博物馆文创产业"到底是什么呢？我们认为，

博物馆利用其馆藏资源，运用创新设计，将馆藏资源所承载的文化特色或文化寓意与美学工业设计相结合后所产生的能够投入市场消费的产品，可以被称为博物馆文创产品。博物院通过与外界合作来发展文创产品的研发、生产、宣传、销售等产业链，即为博物馆文创产业。可惜的是，多数博物馆对自身如何走文创产业发展之路没有清晰的认识。相当数量的博物馆仍处于探索阶段。一些博物馆对各自特性定位不准，不知道应该选择什么样的文化切入口，如何产生契合市场的创意，如何将文化与创意精妙地融入产品，没有找到开发博物馆 IP 的有效路径，不知道如何通过商业合作将博物馆 IP 与商业结合创造经济收益，甚至有的博物馆对文创产品消费市场和资本力量有抵触情绪。这些症结的解决，在于对博物馆文创产业的深度认知和对文创产业发展路径的深研。

我们希望，通过梳理博物馆文创产业的发展脉络预测产业发展趋势；通过讲解博物馆 IP 的文化赋予，理解博物馆文创产业的核心竞争力；通过对文创产业链各个环节实操要点的总结，让文创产品的设计、生产、仓储、宣传以及运输和销售，每一步都能进行精确操作，做到有效防范风险；我们还希望将视野放大，通过大文化区／文旅区的建设与文创产业投融资设计，真正以商业思维，从市场视角和资本视角看待博物馆文创产业发展；最后，从法律纠纷视角出发，建立博物馆文创产业纠纷预防与处理机制。希望本书的读者在阅读完毕后会丰富对博物馆文创产业的认知，也希望对想从事博物馆文创产业的人有所启迪。

"让文物活起来"，这六个字是当前博物馆文创产业最嘹亮的口号，从线下文创商店到线上旗舰店，从明信片、书签到彩妆、手办，博物馆文创产品正在走进千千万万人的生活。但我们知道，我们还能做更多的事情，走更长的路。

让文物真正活起来，还有很长的路要走。

目 录
CONTENTS

第一章　博物馆文创产业概述

第一节　博物馆和博物馆馆藏资源
　　　　及相关知识产权

一、博物馆

根据我国《博物馆条例》，博物馆是指以教育、研究和欣赏为目的，收藏、保护并向公众展示人类活动和自然环境的见证物，经登记管理机关依法登记的非营利组织。

博物馆分类方式较多，其中，对文创产业发展决策有重要影响的分类方式是分为国有博物馆和非国有博物馆。

（一）国有博物馆

国有博物馆，是指利用或者主要利用国有资产设立的博物馆。

因为国有博物馆是利用或者主要利用国有资产设立的，所以在文创产业发展决策和实施过程中，需要特别注意三个问题：一是在采购供应商、选择合作方等问题上应程序合法，注意从纪检审计角度审查是否符合保护国有资产的相关要求；二是在发展方向上，不能一味追求文创产业创收，还应特别注重承担向社会大众宣传教育、向国际社会展现中国文化软实力等职责；三是国有博物馆应注意对外投资的股权结构，除设立下属子公司外，还可以灵活引进优质的社会资本力量、设计资源等。根据不同需要设立控股公司或一般参股公司，以其直接或间接投资的法人公司从事文创产业，既能以法人公司为防火墙，防范商业风险、各类纠纷等，也能发挥法人公司在一定程度上处理商务事务的灵活性，在收支两条线下解决博物馆文创收入问题。

（二）非国有博物馆

非国有博物馆，是指利用或者主要利用非国有资产设立的博物馆。

伴随着我国经济发展，物质越来越丰富，越来越多的企业为传承、宣传企业文化而投资设立博物馆，也有越来越多有经济实力的个人愿意投资博物馆，他们往往以某种特定事项、特定要素为线索展示博物馆藏品。这些非国有博物馆的文创产业发展，一般是为了实现或者辅助实现其特定商业目的，也有少量是纯粹出于文化情怀。事实上，非国有博物馆的容纳范围越来越广，甚至可以说进入了"泛博物馆"时代。

文创产业发展目的、投资主体性质等决定了非国有博物馆与国有博物馆是大不相同的。本书主要讲述国有博物馆如何发展，非国有博物馆可以参考。

二、博物馆馆藏资源

2019年5月10日，国家文物局印发的《博物馆馆藏资源著作权、商标权和品牌授权操作指引（试行）》（下文简称《指引》）第一次准确界定了"博物馆馆藏资源"的概念和范畴，根据这一概念和范畴，博物馆馆藏资源一般可分为三类，如表 1-1-1。

表 1-1-1　博物馆馆藏资源分类

类别	包括内容
第一类	博物馆登记备案的所收藏、管理、保护的不可移动和可移动文物、艺术品等（下文简称"藏品"）
第二类	在第一类基础上二次加工得到的，以语言、文字、声像等不同形式记载的藏品状态、变化特征及其与客观环境之间的联系特征等藏品本身蕴含的原始信息
第三类	在第一类基础上经过加工处理并通过各种载体表现出来的信息，包括与之相关的文件、资料、数据、图像、视频等信息资源，包括实物和数字化信息

常见的，博物馆研究人员通过测量、试验等方式取得的藏品信息，如藏品材质、工艺、数据等，应属于第二类。

需要注意，第二类和第三类同样是在藏品基数上经过加工得到的，只是第二类更侧重对藏品原始信息的记载，第三类更侧重加工处理的技艺复杂性。事实上，在文创开发过程中，未必需要严格区分属于第二类还是第三类。比如数字化博物馆，大多数字化博物馆是通过影像方式呈现博物馆及藏品实景，反映的也是藏品真实情况，采集和呈现的也是藏品原始信息，所以当然容纳了第二类信息资源；但其加工过程之复杂又显然不是简单的二次加工，并且部分数字化博物馆还会呈现藏品的动态展示，甚至模拟藏品的形成过程、应用场景等，这也显然不属于对藏品原始信息的记载。

我们认为，馆藏资源最重要、最显著的特征有两个：（1）

处于博物馆控制和管理下；（2）信息类馆藏资源呈现的是藏品真实情况。之所以强调是藏品真实情况，是为了区分对馆藏资源的艺术设计创作加工，后者一般形成的是馆藏资源著作权中的第二类。

三、知识产权

（一）馆藏资源著作权

《指引》对馆藏资源著作权的界定是：第一类，属于馆藏资源的作品，该作品仍处于著作权保护期内且博物馆通过著作权人授权或者法定许可而获得的著作权；第二类，博物馆对馆藏资源以摄影、录像等方式进行再次创作而获得的作品的著作权。

我们认为，对第二类资源应做广义的、宽泛的理解，它不仅包括博物馆自行创作，也包括博物馆通过委托、合作等方式实现的创作。

这里解决一个重要问题：**博物馆对藏品享有什么权利，是物权还是著作权？**厘清这个问题对历史类博物馆、艺术类博物馆、综合类博物馆显得尤为重要。

首先，博物馆对藏品享有一定的物权。尽管博物馆不一定享有完整的所有权（例如，大多数文物归国家所有，部分展览品系所有权人委托博物馆展览），但博物馆往往依据所有权人的委托或指定，对藏品实物享有并行使受限制的占有、使用、收益、处分权利，具体表现为博物馆对藏品的收藏、保管、修复、展览等。

其次，有物权不代表有著作权，没有所有权也不代表不能

取得著作权。著作权分为著作人身权、著作财产权两类：著作人身权包括发表权、署名权、修改权、保护作品完整权；著作财产权包括复制权、发行权、出租权、展览权、放映权、信息网络传播权、摄制权、改编权、翻译权、汇编权。**博物馆受到我国《著作权法》保护需要满足下面三个条件。**

1. 藏品属于作品

例如，经过测量、试验、更改呈现方式等通过智力劳动得到的信息类馆藏资源，通过对馆藏资源的技术加工、艺术创作形成的新作品（通常称为文创衍生品），权属不明的书画作品、艺术品等藏品，博物馆接受个人、机构委托保管和展览的藏品，等等。

注意，作品的核心特征在于独创性，如果是简单的复仿制（例如，对平面藏品扫描或拍照形成的图片、照片，没有经过光影、角度等富有智慧的选择的过程）是不能构成作品的。

在特殊情况下，博物馆虽然不一定能够通过《著作权法》进行维权，但往往还有《反不正当竞争法》《商标法》等法律规定用于维权。

2. 博物馆是权利人

例如，作品是博物馆委托创作形成的，作品是博物馆员工基于职务行为形成的，作品是博物馆和第三方合作形成并且约定博物馆享有全部或部分著作权的，作品所有人明确转让其著作权给博物馆的，遗作作品的继承人转让著作权给博物馆的，国家享有著作权交由博物馆行使的，等等。

显然，博物馆即便不享有所有权，依然可以通过受让等方式取得部分著作权。

3. 在保护期内

我国《著作权法》规定对发表权、著作财产权的保护期为50年。对博物馆而言，通过受让取得个人作品的著作权，保护期截至原作者死亡后第50年的12月31日；通过合同约定取得的著作权，通过法定职务作品取得的著作权，保护期截至作品首次发表后第50年的12月31日，但首次发表必须在作品自创作完成后50年内。

可见，博物馆即便享有一定物权，依然可能因为超过保护期而不享有法律意义上受保护的著作权。

需要注意，署名权、修改权、保护作品完整权不受保护期限制。这三种权利加上发表权都属于著作人身权，著作人身权一般为作者所有，不属于法定可许可、可转让的权利范畴，但也有特殊情形。例如，博物馆员工基于博物馆支持创作形成作品的，作者是员工，但除署名权归其个人外，其他著作人身权、财产权均归博物馆。

特别提醒，博物馆员工创作的著作权归属要具体分析，大体分为如下几种，如表1-1-2所示。

表1-1-2　博物馆员工创作作品著作权归属分类

创作过程	著作权归属
员工并非职务行为，而是个人灵感创作，创作过程没有或几乎没有得到博物馆支持	著作权归员工
员工创作是职务行为，创作过程主要利用博物馆物质和技术支持，由博物馆承担责任	署名权归员工，其他著作权归博物馆
员工创作是职务行为，与博物馆约定著作权归博物馆	
员工创作是职务行为，且是在博物馆主持下，代表博物馆意志创作，由博物馆承担责任	博物馆是作者，享有全部著作权

在此解决一个实际问题：**博物馆授权许可的客体为什么可以是不被《著作权法》保护的文物、文物形象？** 这主要涉及两种情形。

第一种情形，尽管博物馆不具有受法律保护的著作权，但是博物馆对文物进行实际的控制和管理，文物管理者和民众都普遍认为博物馆有义务妥善保护文物、文物形象，应尽最大努力来防止文物形象被恶意丑化、被进行低劣的商务使用等，因此，博物馆往往会选择优质的合作方进行授权，由合作方主动净化市场环境，树立优质的文物文创形象。这种授权，并非严格意义上著作权法规定的授权许可，而是博物馆基于管理和实际控制而为，对合作方而言，取得这种"授权"的价值也不在于取得法律权能，而在于博物馆的背书作用。当市场上形成"博物馆认可""博物馆授权"的印象后，能够更好地为合作方吸引消费者。我们通常所说的**博物馆 IP，是包括这类授权内容的，这也是博物馆 IP 不能等同于博物馆馆藏资源著作权的重要原因。**

第二种情形，是博物馆将文物形象注册为商标，此时实质许可的是商标。这也是众多博物馆在对文物不能取得著作权的情形下变相保护文物、文物形象的选择。

（二）馆藏资源商标权

《指引》将馆藏资源商标权定义为博物馆用名称全称、简称及其标志图形，馆藏资源的名称及其他具备商标构成要素的元素等，通过商标申请注册而获得的专有使用权利。

博物馆品牌是指社会公众对博物馆在服务、产品开发、文化传播等方面所创造价值的认知，是为博物馆产生增值、带来溢价的无形资产，其载体包括博物馆的名称、相关标记、符号或图案等。

商标是品牌或品牌的一部分，必须在政府指定部门进行注册后成为"注册商标"，然后才能获得商标专用权。商标权是品牌价值的重要组成部分。

博物馆应当在什么情形下授权许可第三方使用博物馆 IP，什么情形下同时许可使用博物馆商标呢？ 对博物馆而言，除了授权费的差异，最重要的是博物馆将因不同的授权内容而承担不同的责任。如果仅仅是授权使用博物馆 IP，那么博物馆对设计、成品一般不承担责任，假如发生产品质量问题、食品安全问题，由生产者承担法律后果，当然，博物馆有权追究因此给博物馆造成的名誉损失或主张合同约定的其他权利。但如果产品使用博物馆商标，那么博物馆就对产品负有质量等责任，消费者遭受损失可以向博物馆主张。因此，博物馆许可使用商标应该特别注意质量监督。

第二节　博物馆文创产业的发展背景

博物馆文创产业，是指博物馆（也包括博物馆对外投资公司）通过灵活运用博物馆 IP 进行商品化和资本化运作形成的产业。

被誉为"博物馆最后一个展厅"的博物馆文创产业，起源于 20 世纪 70 年代，由于经济衰退，部分欧洲国家的博物馆被迫开始市场化经营。到 20 世纪 80 年代，随着西方国家现代文化产业逐步兴起，博物馆加强了市场化经营意识。发展到今天，文创产业起步较早的部分博物馆已经在文创产品创意、设计、生产、销售、售后等环节形成完整的产业链，文创产品收入占博物馆总收入很大比例。同时，博物馆发展文创产业往往带动当地甚至国家的旅游经济，促进地区甚至国家间的文化交流，甚至发展较好的博物馆已经成为国家形象代表、地标。

与起步较早的国外博物馆相比，我们国内大部分博物馆还处于探索起步阶段，还在斟酌能不能授权、如何授权的问题，只有少数博物馆大刀阔斧地改变并且取得了较好成绩。博物馆曾是传统的收藏、修复、展览等文化职能事业单位，不考虑营利问题，成本大多来自财政，让它们参与文创行业市场经济活动，需要巨大的勇气和专业的指引。近年来，我国越发重视文化自信，强调对优秀文化的传承和发展，强调民族文化活起来，"国潮"复兴之际，博物馆 IP 一度成为最重要、最抢手的创作元素。在国家引导、市场引力作用下，博物馆文创产业进入了快速发展期。

2009 年 7 月 22 日，我国第一部文化产业专项规划——《文化产业振兴规划》（下文简称《规划》）由国务院常务会议审议通过。《规划》明确了文化产业振兴的指导思想与八大重点工作，强调坚持以结构调整为主线，加快推进重大工程项目，扩大规模，增强文化产业整体实力和竞争力，并提出了降低准入门槛、加大政府投入、落实税收政策、加大金融支持及设立中国文化产业投资基金五大政策措施，以保证文化产业振兴规划的顺利实施。《规划》的出台意味着我国的文化产业经过长期的探索发展迎来了历史性的拐点，标志着文化产业正式上升为国家战略性产业。

为了推动文化产业成为国民经济支柱性产业，2014年2月26日，国务院发布了《国务院关于推进文化创意和设计服务与相关产业融合发展的若干意见》（下文简称《意见》），明确了"到2020年，文化创意和设计服务的先导产业作用更加强化，与相关产业全方位、深层次、宽领域的融合发展格局基本建立，相关产业文化含量显著提升，培养一批高素质人才，培育一批具有核心竞争力的企业，形成一批拥有自主知识产权的产品，打造一批具有国际影响力的品牌，建设一批特色鲜明的融合发展城市、集聚区和新型城镇"的发展目标，并针对发展目标提出了七大任务和八项举措，标志着我国文化产业发展逐步进入了经济发展的快车道。随后，为了保证《意见》的贯彻落实，文化和旅游部又专门制定了《关于贯彻落实〈国务院关于推进文化创意和设计服务与相关产业融合发展的若干意见〉的实施意见》，从23个方面提出了贯彻落实《意见》的实施意见，为《意见》的贯彻落实提供了理论基础。

2015年3月20日，《博物馆条例》（下文简称《条例》）开始施行，为博物馆文创产业发展带来春天。《条例》明确了"博物馆在不违背其非营利属性、不脱离其宗旨使命的前提下，可以开展经营性活动"。同时规定，"国家鼓励博物馆挖掘藏品内涵，与文化创意、旅游等产业相结合，开发衍生产品，增强博物馆发展能力"。 在此之前，博物馆的非营利组织性质成为困扰博物馆文创产业发展动力的重要问题，而《条例》的规定为博物馆发展文创产业的合法性提供了法律保障，通过开发和推广具有市场竞争力的文创产品，博物馆将获得更多利润，从而加强博物馆自我造血功能。

2016 年 3 月 8 日，国务院发布《关于进一步加强文物工作的指导意见》，明确通过"大力发展文博创意产业"的方式拓展文物利用，深入挖掘文物资源的价值内涵和文化元素，注重实用性与生活气息的体现，延伸文博衍生产品链条，进一步拓展产业发展空间，调动博物馆利用馆藏资源开发创意产品的积极性，扩大引导文化消费，培育新型文化业态。

2016 年 5 月 11 日，文化部、国家发展和改革委员会、财政部、国家文物局联合发布了《关于推动文化文物单位文化创意产品开发的若干意见》。该意见为深入发掘文化文物单位馆藏文化资源、发展文化创意产业、开发文化创意产品、弘扬中华优秀文化、传承中华文明、推进经济社会协调发展、提升国家软实力提出了新的要求和七项任务，并从体制机制改革创新、稳步推进试点工作、落实完善支持政策、加强支撑平台建设、强化人才培养和扶持、加强组织实施等六个方面提供了政策支持和保障措施。

2016 年 10 月 11 日，国家文物局发布了《关于促进文物合理利用的若干意见》，为各级文物部门、文博单位合理利用文物发展文化产业提供了明确的政策指引。

2016 年 11 月 29 日，为贯彻落实国务院《关于进一步加强文物工作的指导意见》，国家文物局、国家发展和改革委员会、科学技术部、工业和信息化部、财政部五部门联合印发了《"互联网＋中华文明"三年行动计划》的通知，为"互联网＋中华文明"提供了政策依据，促进了文物信息资源开放共享，调动了文物博物馆单位用活文物资源的积极性，同时激发了科技、文化企业、文物博物馆单位的创新力。该计划从政策、经费、人才、机构四个方面提出了保障措施，为文化创意产业的发展提供了新的路径。

2016年12月28日，文化部发布了《文化部"一带一路"文化发展行动计划》，为"一带一路"沿线文化产业发展提供了政策依据及新思路。

2017年4月20日，文化部发布了《文化部"十三五"时期文化产业发展规划》，明确了文化产业发展的新要求。4月26日，为贯彻落实《文化部"十三五"时期文化发展改革规划》，文化部又发布了《文化部"十三五"时期文化科技创新规划》，提出了文化产业发展要与科技创新紧密结合，打造以协同创新、研发攻关、成果转化、区域统筹、人才培养等为主要构成的文化科技创新体系。

2017年5月7日，中共中央办公厅、国务院办公厅印发了《国家"十三五"时期文化发展改革规划纲要》。"十三五"时期是全面建成小康社会的决胜阶段，《国家"十三五"时期文化发展改革规划纲要》的发布，从国家层面为文化产业的发展指明了发展方向，明确了发展要求。

2018年11月13日，文化和旅游部、财政部联合发布了《关于在文化领域推广政府和社会资本合作模式的指导意见》，引导社会资本积极参与文化领域政府和社会资本合作（PPP）项目，为文化产业的发展模式提供了新的路径。

在这些法律、政策的引导下，一系列博物馆创意开发活动相继开展，文化创意产业在政策与实践层面正式成为博物馆的"标配"。

2018 年的统计数据显示：我国博物馆达到 5354 家，比 2017 年增长 218 家。全国规模以上文化及相关产业 6 万家，前述企业实现创收 80986 亿元，比上年增长 8.2%；从产业类型看，文化制造业营业收入 38074 亿元，比上年增长 4%；文化批发和零售业 16728 亿元，比上年增长 4.5%；文化服务业 34454 亿元，比上年增长 15.4%。从行业类别看，创意设计服务 11069 亿元，比上年增长 16.5%，增速位列第二；文化娱乐休闲服务与文化投资运营增速为负，分别为下降 1.9%、下降 0.2%；从区域看，东部地区占全国比重最大，达 77%，西部地区增速最快，增速为 12.2%。

2019 年的统计数据显示：2019 年我国博物馆达到 5535 家，比 2018 年增长 181 家。全国规模以上文化及相关产业调查企业数量为 5.8 万家，比上年减少 2311 家，前述企业实现创收 86624 亿元，比上年增长 7%；从行业类别看，文化投资运营与创意设计服务增速均超过 10%，增速分别位列第二、第三；从领域看，包含内容创作生产、创意设计服务、文化投资运营、文化娱乐休闲服务在内的文化核心领域营业收入 50471 亿元，比上年增长 9.8%；从区域看，东部地区占全国比重最大，达 73.5%，西北地区较上年度增速最快，增速为 11.8%。

在 2020 年第一季度，由于受新冠肺炎疫情影响，全国博物馆均采取临时闭馆措施，闭馆期间，全国博物馆系统推出了 2000 多个线上展览，总浏览量超过 50 亿人次。通过对全国 5.9 万家规模以上文化及相关产业企业调查显示：一季度，前述企业实现创收 16889 亿元，比上年同期下降 13.9%；与互联网相关的新业态特征较为明显的 16 个行业小类的"互联网＋文化"

企业却逆势上行，实现创收 5236 亿元，增长 15.5%。

伴随着《国家宝藏》《如果国宝会说话》等文博行业题材的电视节目引发热议，博物馆藏品走进更多人的视野，有关藏品的文化背景为更多人熟知，这极大地推动了博物馆 IP 的商业价值迅速提高。同时，国家经济振兴，使民族自豪感提升，给民族文化的推广和商业应用提供了更好的机会。博物馆作为重要的民族文化承载方，遇到了有史以来最好的发展文创产业的机会。

可以说，从政策层面上，政府鼓励博物馆发展文创产业的力度越来越大；从人才层面上，文博领域、设计领域的人才社会认可度越来越高，综合素质越来越高；从经济层面上，期待与博物馆合作，通过开发博物馆 IP 而获益的合作者越来越多；从法律层面上，对知识产权的保护力度越来越大。这是博物馆文创产业发展最重要的背景。

第三节　博物馆文创产业的发展现状

目前，我国博物馆文创产业已经取得初步成就——北京故宫博物院、中国国家博物馆、台北故宫博物院等少数博物馆已经取得喜人成绩。并且在三大博物馆带头作用下，陕西历史博物馆等数家一级甚至二级、三级国有博物馆也在积极探索文创之路。

支撑这些喜人成绩的，是丰富的博物馆文创产品品类。在传统博物馆文创产品重视历史性、艺术性、知识性的基础上，更加重视设计感、实用性、趣味性和环保性，更加符合消费者的心理，让消费者愿意为"独特的灵感""巧妙的创造""吉祥的寓意"等附加值买单。尤其是北京故宫博物院，已经成功进入"粉丝经济"模式，贡献了现象级的文创典型案例。消费者购买故宫文创产品，已不单纯基于产品本身的吸引力，故宫已然拥有了自己的粉丝群体，"故宫"品牌、商标在文创市场已经闯出了自己的天地。

同时，以三大博物馆为代表的部分博物馆在数年文创产业化摸索的过程中，形成了比较成熟的产品开发模式（以合作开发模式、授权开发模式为主），且这些模式能够不同程度地给其他文创起步较晚或尚在观望的博物馆带来示范效应，可以预见博物馆文创产业发展即将进入井喷期。

在博物馆文创产业如火如荼地发展时，我们除了关注积极因素外，也应关注些许不足之处，毕竟指引我们完善产业发展的往往是那些需要改进之处。这主要表现在以下几方面。

第一，和欧美等博物馆文创产业发展较早的国家、地区相比，我国的博物馆文创产业起步晚，整体水平差距较大。因而，博物馆文创产业发展除了聚焦个别实力强大的博物馆外，还应注意在宏观层面的帮带帮扶，尤其是对三级博物馆和部分二级博物馆，建议地方政府给予更多优惠政策、鼓励政策。

第二，我国博物馆文创产业发展两极分化严重，相当一批博物馆还处于尝试摸索甚至是观望阶段，存在诸多问题。例如，对博物馆自身特性定位不精准、难以将博物馆 IP 与产业结合形成经济收益、只销售纪念品且销售手段单一（博物馆内及周边商店零售，且往往充斥盗版）。

第三，除北京故宫博物院等少数博物馆外，其他博物馆的亲民性有待改善，宣传力度大多局限在行业内，老百姓关注度较低，不利于博物馆 IP 价值得到大众认可。综观文创产业发展较好的博物馆，无一不重视让博物馆所承载的文化符号、文化价值渗透进老百姓的生活，只可远观的高大上之感并不适宜博物馆文创衍生品。

第四，互联网技术手段应用程度整体较低。尽管"互联网＋"已经是耳熟能详的词汇，但在市场化发展程度较低的博物馆行业，它才刚刚时兴。目前我国境内对互联网运用比较充分的首推北京故宫博物院，其文创产业在 2018 年大发展的重要原因之一是其以网红方式塑造博物馆和馆长，在互联网上迅速吸引了数量巨大的粉丝和流量。2020 年 4 月，北京故宫博物院再次"吃螃蟹"，推出"云游"故宫，根据官方公开数据，开播两个小时仅新华社抖音平台就吸引超过 330 万人次实时观看，开播三个小时通过人民日报微博观看已超过 650 万人次。其次，将文创发展搭载于互联网平台的中国国家博物馆也值得学习。然而，更多的博物馆对互联网的应用仍停留在设官网、开网店、做线上销售的起步阶段。

第五，盗版侵权的情况严重，这是长期以来阻碍知识产权相关产业发展的重要因素。维权成本过高，难以维权，使得博物馆疲于应对不法商贩，不仅博物馆 IP、博物馆文创产品被侵权，甚至还出现了山寨博物馆、山寨博物馆藏品等惊悚事件。净化市场环境、教育消费者尊重知识产权是个长期的、艰辛的过程，需要博物馆、政府、市场主体、消费者、法律人等共同努力。对博物馆而言，可以采取扩大博物馆官方认证的知名度、公开透明合作渠道、提高授权对象准入门槛、细化授权规则、加强监管力度、建立举报奖励机制等措施。

第四节　博物馆文创产业的发展趋势

由于产业政策不断完善、社会整体消费观念不断发展变化，我国博物馆文创产业虽然起步晚，但部分博物馆已经进入快速发展阶段，带动了更多的博物馆开始居安思危、力求突破，整体形势较好。下一步，我们可以借鉴国内率先发展文创产业的博物馆的经验，以及国际上文创产业已经成熟或日趋成熟的博物馆的发展经验，带动更多博物馆文创产业快速发展。

美国是迄今为止全球艺术衍生品最发达的国家之一。艺术衍生品产业已趋近完善，博物馆衍生品商店的盈利甚至可以负担博物馆部分运营费用。在美国，除了博物馆等公共机构的艺术衍生品十分发达以外，艺术衍生品公司的力量也逐渐增大。美国纽约大都会艺术博物馆就把它的博物馆商店开到了世界各地，总共有 16 家。这家博物馆仅 2015 年就为纽约市创造了 9.46 亿美元的收入，这其中文创衍生品销售收入占近六成。纽约现代艺术博物馆（MOMA）每年吸引全球 250 万游客光顾，其商店零售收入占总收入的 1/3。

欧洲国家中，英国与法国的博物馆行业历史悠久，发展最为成熟。英国拥有约 2500 家博物馆，包括 28 家国家级博物馆、200 多家公共博物馆、300 家大学博物馆、800 多家地区性博物馆以及 1100 多家独立博物馆，成为世界上博物馆"密度最大、质量最高、历史最悠久、体系最健全"的国家。其中，大英博物馆从 2001 年免费开放以后，自身经营艺术衍生品的收入就逐渐成为其收入的主要来源。

法国博物馆成长于 20 世纪七八十年代，当时法国政府加大对文化事业的干预，文化部财政预算激增，博物馆事业得到显著发展。目前，法国博物馆总数达 3000 多家，其中国家级博物馆 35 家，省市级博物馆 100 多家。在参观人数方面，2017 年，法国 130 家博物馆接待的本土和海外游客已达 2700 万人。法国卢浮宫则开辟了地下商场，把博物馆打造成艺术和商业兼顾的公共空间。还有的甚至把自己的博物馆商店开到了机场，这些经验都是我国博物馆可以借鉴的。

我国博物馆文创产业的发展，应当在借鉴已有成功经验的同时，深度挖掘我国文化资源的价值内涵和文化元素，促进中华文化的创造性转化和创新性发展。博物馆文创产业是一种"深耕文化"，我们要充分利用政策红利，通过文化与创意相结合，以真正优质的文创产品让收藏在博物馆中的宝贵文物与遗产都活起来，走进千家万户。

第五节　博物馆文创产业主要发展途径

一、借鉴国内博物馆成功经验

（一）北京故宫博物院的成功经验

1. IP 基本情况

北京故宫博物院是在明清两代皇宫及其收藏的基础上建立

起来的综合类博物馆，也是中国最大的古代文化艺术博物馆，藏品总量超过 186 万件（套）。其发展文创产业的基础在于藏品类别丰富、数量庞大，尤其是艺术品多，生活化应用空间大。这就意味着博物馆 IP 可适应各类文创衍生品需求，设计师可选择范围较大；艺术品美学价值较高，便于产品化设计，产品的欣赏价值比较容易实现；生活应用器具类的藏品往往容易开发出具备一定实用性的文创衍生品；明清文化在穿越类小说、影视剧的推动下吸引了大批量粉丝，艺术品又多次出现在电视节目中，且享有首都旅游的地利优势，具有较高的老百姓认知基础。这是北京故宫博物院能够快速发展文创产业的天然优势。

2. 产业主体布局

北京故宫博物院文创产业主要采用双层架构。首先由其全资设立北京故宫文化服务中心，再由该企业统一对外投资。尽管双层结构在资本化运作过程中仍然被认为是非常简单的结构，但对比国内其他博物馆已经更胜一筹。

我国法律规定，公司法人以其公司资产承担法律责任，无特殊法定情形不得追究股东责任。以博物馆为主体实施合作，意味着权利、义务都由博物馆直接承担，那么博物馆势必要组织懂商务合作的，甚至懂一定设计的员工直接参与，不但增加博物馆的人力、精力投入，合作失败或合同违约还将导致博物馆直接陷入纠纷（甚至可能成为被告）、承担法律责任。同样是合作设计文创产品，以下属公司为主体实施合作，则下属公司将成为博物馆的"防火墙"。

同时，国有博物馆的性质决定了它在绝大部分事项上都要经历较复杂的决策程序，如果博物馆给予下属公司一定范围的自治权利，则下属公司能够更高效、更灵活地参与市场经济活动。国有博物馆的基本属性是非营利组织，而下属公司更便于根据不同项目情况，引进不同社会资本，成立不同参股程度的独立公司，这样既为文创产业发展的资金来源提供有效保障，又能为文创产业收入和支配找到合理渠道。

3. 文创产业核心发展举措

（1）丰富产品种类，重视实用性、趣味性，刺激消费者购买欲望

北京故宫博物院的文创产品种类丰富，小到便笺纸大到国礼，可以满足不同爱好、不同性别的消费者对文创产品的需求。同时，他们给绝大多数文创产品起了大气而内涵丰富的名字或者系列名称，也即"文化赋予"，赋予一件产品以历史故事、吉祥寓意等，丰富了产品的文化内涵，也增强了产品的趣味性。例如"金瓯永固"杯，寓意着国泰民安、江山社稷永存。

（2）严把品质关，符合消费者购买心理，打造品牌形象

北京故宫博物院的文创产品坚持对质量进行把控，而且特别注重宣传，逐渐使"故宫正版"这四个字成为消费者心里的品质保障。例如，对"福"字陶杯在生产之初首批 1000 个产品因未过严格的质量关要求加工厂回炉返工 800 个，并进行宣传。大多数博物馆对使用博物馆商标的文创产品也非常重视质量监控，但在宣传上不甚着力，再加上盗版猖獗，使得品牌形象在消费者心中大打折扣。

（3）线下销售，从商业氛围走向文化氛围，重视"圈粉"

北京故宫博物院曾在建筑与商业动线规划上，没有着重营

造文化氛围，馆内多处充斥着价廉但物不美的小商品，其中有大量小商品不契合文化主题，这样浓厚的营商氛围已经严重影响消费者的体验感，并且消费者还可能通过微博、微信、短视频等途径扩大负面影响。

2018 年 6 月，北京故宫博物院通过下属公司与第三方合作，着力打造"前门文化体验区"——开办故宫大讲堂、故宫文创馆、故宫学院、故宫文化数字多媒体展览、非遗项目、故宫书店等，通过营造文化氛围、提升观众体验感，极大地削弱了"推销小商品"的感觉。

同时，北京故宫博物院通过整顿和重新规划，在馆内打造了数个文化空间（例如，故宫文化创意馆、御窑馆、丝绸馆、影像馆、铜器馆、木艺馆、家具馆等体验馆以及生活馆、紫金书院等），消费者不再单纯选购那些同质化的纪念品，还可以选购一些体现文化元素又兼具趣味性、实用性、寓意好的文创产品，甚至可以将感知和体验文化氛围的过程本身作为消费对象。北京故宫博物院通过对馆内美景、藏品、文化空间、文创产品的充分宣传，快速积攒人气，成为人们津津乐道的网红地标。

（4）充分重视线上销售

北京故宫博物院官网的文创频道，开设有故宫刊物、文创产品、故宫壁纸、故宫皮肤、故宫动漫、故宫游戏、图片下载等板块。每个板块都由图片、简介、链接构成，展示产品也经常更新，方便网站浏览者了解和购买。这种排版方式和内容营销方式，在国内博物馆中首屈一指。特别值得指出的是，故宫官网的着色、搭配非常用心，浏览者第一印象通常有"喜悦""大气"之感。这是众多博物馆都需要重视的。

至于线上销售商店，通常是合作方搭建和经营，博物馆最重要的是选择合作方，在此不再赘言。

（5）充分重视"＋互联网""＋影视"，注重培养粉丝、积聚流量

北京故宫博物院自 2018 年"出圈"以来，具有很高的话题性和热度，它通过在自媒体、新媒体重墨宣传打造"网红故宫"，结合热点话题或创造热点话题，用人气、热度推动品牌的亲民性和提高曝光率，积累了大批量粉丝和流量，这是它与其他博物馆发展文创产业最显著的区别，也用销量印证了这条路径的成效。直播、营销、跨界、带货等尝试，基本契合了当下少、青、中三代人的生活习惯、消费习惯，也基本符合短视频经济、粉丝经济、流量经济的现状和趋势。

对博物馆文创产业发展而言，来自博物馆的上层宣传是必不可少的，因为产业链上的其他商务合作方往往只能聚焦文创产品本身进行宣传，这一方面是由资金投入量决定的，另一方面也是由宣传主体身份决定的。因此，博物馆越是注重宣传和打造自身品牌形象、提高亲民度，越能吸引优质的合作方，从而形成良性循环。

（二）中国国家博物馆的借鉴价值

1. IP 基本情况

中国国家博物馆在原中国历史博物馆和中国革命博物馆的基础上建成，是一座以历史与艺术为主、系统展示中华民族悠久文化历史，集收藏、展览、研究、考古、公共教育、文化交流于一体的综合类博物馆，藏品总量超过 120 万件（套），其

藏品整体情况与北京故宫博物院具有一定相似性，都具有类别丰富、数量巨大等特点。但其年代属性没有北京故宫博物院那么突出，因而不太容易通过影视剧等方式进行文化输出，容易形成面散点不深的宣传局面。

2. 核心发展举措

中国国家博物馆最值得借鉴之处在于借助互联网平台发展文创产业。它携手中国美院、阿里集团、上海自贸区等共同打造了"文创中国"品牌和线上、线下运营平台。据相关人士介绍，"文创中国"主要由三部分运作构成。

（1）文创中国授权开发平台

中国国家博物馆整理其馆藏资源，以协议方式提供给阿里集团，由阿里集团全线对接设计、投资、销售等优势资源，实现强强联合，双方通过对版权授权开发产品的总销售额按协议比例分配的方式达到共赢。同时，该平台向所有文博单位开放，愿意加盟开发的文博单位（如陕西历史博物馆、湖南省博物馆、西藏博物馆、浙江省博物馆、南京博物馆、浙江黄岩博物馆、天津北方文创、中国电影博物馆等）将自身版权资源梳理好并确权之后，委托国博（北京）文创产业发展中心代理其版权交易及文创开发。

（2）阿里鱼·国博云文创设计研发中心

中国国家博物馆将经过确权的馆藏资源以协议方式提供给阿里集团，由阿里集团全线招商对接设计、投资、生产销售等，实现了合作方与中国国家博物馆的商务合作。

（3）文创中国大区运营中心

文创中国大区运营中心由上海自贸区国际艺术品交易中心

具体承接运作。通过在国内外建立全渠道分销体系，运用电子商务的便利性，融合线下展厅的体验功能，建立文创产品一站式营销体系，为文创产品提供全方位运营保障。

中国国家博物馆的这一开发模式很值得博物馆文创产业借鉴，在这种模式下，不仅是博物馆，而且是社会资本方、互联网平台运营方、产业链各环节主体都可以参与进来。这也意味着，全国、甚至更广阔地域的资源整合将成为未来企业家进入博物馆文创产业的重要筹码，从这一角度讲，文创产业领域仍有广阔的商机。

（三）台北故宫博物院的成功经验

1. IP 基本情况

台北故宫博物院是中国大型综合类博物馆，也是研究古代中国艺术史和汉学的重镇，为台湾地区规模最大的博物馆，截至 2020 年 6 月 30 日，典藏文物总计 698767 件 / 册。

台北故宫博物院文创产业发展较早，整体水平位居中国博物馆文创产业发展的前列，但近年来发展速度趋缓、后劲不足，且因为政治因素等影响，游客人数逐年下跌，其文创产业发展水平也已被北京故宫博物院赶超。

2. 核心发展举措

（1）重视社会关注度，重视年轻族群，增添流行元素

台北故宫博物院曾于 21 世纪初制作广告宣传片《Old is New——时尚故宫》，并举办"Old is New 时尚故宫——世代设计新主张""Old is New 时尚故宫——T 恤设计大赛"等活动，在绝大多数国内博物馆还没有"文创"概念的当时，台北故宫博物院的这一系列举动极大丰富了其话题性、提升了知名度。

根据调查，台北故宫博物院文创产品的消费者中，青年比重较高且贡献了比重最大的销售额。同时，女性消费者消费金额比重逐年上涨。因此，文创产业从业者应当注重消费群体的准确定位，研发更有市场针对性的产品。

（2）大范围合作，尤其重视与大品牌合作共赢

台北故宫博物院与华硕、顽石创意等国内知名品牌，以及ALESSI等国际知名品牌均有合作，以"双品牌商标"方式达到影响力、知名度的提升，并获得收益。

这一模式已经得到推广，品牌合作已然是国内、国际主流的博物馆文创开发方式之一。

（3）以图像授权为基础，采取分层定价方式

目前，越来越多的博物馆借鉴分层定价方式——带有博物馆 IP 属性的普通像素图片公开免费使用，高清图像则根据属性强弱、商业性等收取高低不等的授权费用。免费公开使用可以鼓励设计师使用博物馆 IP，对博物馆而言，既发挥了社会价值、公益价值，又得到了免费推广宣传的效果；而收费授权，则在一定程度上保障了商业活动中博物馆作为图像权利人、管理人的收益。

（4）以委托承销、品牌授权商为主要营销渠道

委托承销指通过委托台湾手工业推广中心、台北故宫博物院员工、消费合作社等单位人员或部门来承销的销售模式。品牌授权商指在品牌授权模式下，由合作品牌营销台北故宫博物院文创产品，商品包装上印制双品牌商标，合作品牌向台北故宫博物院支付销售回馈金、商标授权金的销售模式。

目前，国内博物馆大多没有采取单独委托承销的模式，而

是采用由合作方（一般也是授权许可的对象）进行销售，售后进行分成的销售模式。

二、博物馆文创产品开发模式

综合分析国内外各大博物馆文创产业开发模式，可归纳总结为四大类。

（一）自行开发

指博物馆自己的设计团队完成设计后，再找厂家代生产，最后自行销售。这种模式下，博物馆将承受全部的开发经费和销售风险。

（二）合作开发

指博物馆选择合作厂商后，先由合作厂商以博物馆提供的藏品为基础进行设计，博物馆也可以选择参与设计，再由合作厂商负责生产，最后由博物馆负责销售。这种模式是目前博物馆倾向采取的主要开发模式之一。

（三）公开市场采购贴牌

指博物馆从市场上已有的产品中选择和自己博物馆形象、文化相符的产品，采购后贴上博物馆商标。这种模式较常见于博物馆与媒体合办文博展览的情况。

（四）授权（IP授权、商标授权）

常见的授权内容主要有博物馆的典藏品、建筑的数字图像以及博物馆品牌。这是国内大部分国有博物馆倾向采取的主要开发模式之二——既可规避不作为的政治风险，也可规避不当作为导致经营亏损的经济风险。"文创中国"即采取授权模式。

以上四种方式，将在本书第二章详细讲述。

三、博物馆文创产业发展的基本措施

（一）清晰的博物馆特色定位

博物馆发展文创产业，应当首先梳理博物馆馆藏物品，明确自身特色所在，例如，浓郁的地域特色、特殊的文明阶段等。

（二）发掘博物馆 IP 的文化价值

文创产业时期与传统"纪念品商业"时期的巨大不同，主要是满足消费者的心理需求点不同。文创产品销售的好坏与提供给消费者的价值直接相关。"纪念品商业"时期销售更多的是具有特色的、精美的产品外观，而文创产业时期消费者更多的是为精美产品所承载的文化格调、吉祥寓意、传说故事等买单。因此，博物馆 IP 要以更加白话的方式赋予产品文化生命力。

（三）产品要有创新性，同时具有趣味性或者实用性

太多的同类或同质商品摆在眼前时，除非消费者对产品相关 IP 有所研究，否则吸引人的往往是产品外观。文创产品市场的消费者占比中，年轻人是很大一部分，也因此，文创产品应当更加注重创造力（想象力）、趣味性、实用性。

（四）开发文创产品，需要持续生命力

文创产品的开发，应注意形成规模性的核心主题，构建出明晰的可持续的产品谱系主线，从而获得产品规模效应及持续的生命力。防止零散的产品没有体系，除非 IP 非常特殊，否则文创产品在很容易被模仿的情况下很难获得较强、较持久的竞争力。

（五）充分利用互联网、互联网技术

现代社会是数字化、科技化的社会，传统的传播方式正在被打破，在发展博物馆文创产业的过程中，也应当充分利用互联网与互联网技术，开发有科技含量的文创产品或利用网络科技进行营销。网络科技营销可以通过以下方式进行。

1.在销售渠道上充分利用电商销售平台、互联网自建平台。

2.在营销宣传上充分利用自媒体、新媒体，增加话题性、曝光度。

3.在产品展示上充分利用先进技术（全息显示、VR 技术等）。

（六）充分利用合作方的资源、资本

制约博物馆发展文创产业的因素，往往还包括资金支持、可调动产业资源有限等。因此，博物馆在注重打造自身 IP 的同时，要根据博物馆的自身情况（设计水平、资金能力等），关注寻找合适的合作方，确定双方共赢的合作模式。

（七）充分宣传

除了传统的宣传方式和互联网环境下的自媒体、新媒体宣传方式，影音作品、游戏作品等产品作为文创产物的本身，同时也可能为博物馆、博物馆 IP 宣传带来意想不到的宣传效果。

（八）与时俱进

博物馆文创产业说到底，是把文创产品推向消费市场的产业，所以，产品也好，营销也好，都应该与时俱进，符合当下大众的文化习俗、生活习惯、消费习惯。否则，当这些习惯改变了、升级了，还用曾经的模式又如何能够获得成功呢？

与时俱进，既要体现在产品内容上，也要反映在产品形式上。在大胆创新的同时，博物馆对新兴行业、新兴市场秉持谨慎的态度进行探索，要谨防新形态文创产品被用于非法目的、被用来非法交易。例如，2021 年和 2022 年爆火的数字藏品，就容易发生证券化风险、金融化风险。

第二章　文创产业链

第一节　博物馆IP的文化赋予

一、文化赋予的定义

博物馆发展文创产业时，由于博物馆（尤其是国有博物馆）自身承载的社会效益、文化推广功能，以及传统印象和部分政策限制博物馆非营利性的定位，故而在整个产业链全流程中，合作企业发挥着主体作用。然而产业链的第一个环节是非常重要的且无法单纯依托企业完成，那就是文化赋予。

文化赋予，是指博物馆对其馆藏资源IP赋予文化背景、文化属性，使IP内容及内涵更丰满，更具有深度。

之所以说文化赋予非常重要，是因为文化赋予是博物馆文创产品高附加值的最核心来源。消费者购买博物馆文创产品的最主要动力是其独特性——外在形象的独特性和文化内涵寓意的独特性。其中，文化内涵寓意的独特性又是博物馆文创产品和其他文创产品最重要的区别。之所以说文化赋予不能单纯依托企业完成，是因为文化赋予严重依赖博物馆专业人员（如考古学家、历史学家、地理学家、生物学家等）的专业知识，合作企业往往只具备使 IP 产品化、市场化的能力，但并不具备文化赋予的专业知识。与此同时，对核心 IP 的文化赋予往往靠多维度的重金投入打造，比如，通过拍摄影视剧方式将核心 IP 的文化内核展现在公众视野中，这对单独合作企业而言是很难做到的事情。因此，博物馆发展文创产业，应该做好自行完成文化赋予的心理准备和资金、人力准备。

二、文化赋予的方法

（一）博物馆开发文创产业，应首先分析自己的特征和特质

每家博物馆在设立伊始就具备各自的特征和特质，一般情况下，博物馆的特征和特质要么是天然的基于展品的特殊性，要么是后天的基于展览的目的性。有的博物馆展览了特定地域或特定时期的人类文明，如西安半坡遗址博物馆；有的博物馆展览了特定地域或特定类别的自然科学，如中国地质博物馆；有的博物馆围绕特定人物或特定事件展开，如张学良故居博物馆；有的博物馆围绕特定商品或特定技艺展开，如景德镇陶瓷历史博物馆。

博物馆若想在推出文创产品后迅速被大众记住并消费，首先是产品所运用的 IP 具备非常鲜明的博物馆烙印——这并非只单纯来源于这一家博物馆的品牌和商标，而是**文创产品应用的博物馆 IP 所承载的文化元素、所体现的特征和特质与该博物馆密切相关，甚至是唯一相关**。比如，兵马俑形象就与秦始皇陵博物院唯一相关——就算不看博物馆的品牌和商标，大众也会联想到这是秦始皇陵博物院的文创产品，即使事实上它有

可能是未经授权的盗版产品。

（二）在分析明确博物馆自身的特征和特质后，筛选主推 IP，并进一步遴选最强 IP

博物馆馆藏资源往往数量众多、纷繁复杂、有强有弱。筛选主推 IP 的过程并非对馆藏资源进行好坏甄别，毕竟都是有研究价值、鉴赏价值、学习价值的馆藏品，这里的筛选，是需要**从大众的认知度、接受度、易推广程度以及对博物馆独特性体现程度等方面进行的筛选**——大众越喜欢的、了解越多的或者经过宣传后更容易被大众接受的，这样的 IP 转化为文创产品后，实现更高经济价值的可能性越大。

筛选主推 IP 的目的必须明确，就是从市场消费角度，筛选与合作企业运用于文创产品的 IP。前文说到，文化赋予是需要博物馆完成或者主导的，因此，筛选主推 IP 既能集中博物馆专家力量尽善尽美地做好文化赋予工作，节省博物馆在文化赋予环节的投入，同时，也便于后续授权合作管理。

主推 IP 的种类比较多样。比如，人物类——以某个历史人物为中心，围绕人物展开几条线路，不仅是事迹、功勋，也可以是衣、食、住、行等；再比如，文化元素类——以某类文化元素为中心展开，如乐器演变、服仪演进等。博物馆的大类在很大程度上决定了主推 IP 的种类。

在筛选出主推 IP 的基础上，可以进一步遴选出**最强 IP**——**一般是最能代表博物馆特点的具有唯一性的 IP**。最强 IP 不建议多，精选 1～3 个足矣。遴选最强 IP 的目的也很明确，即后续重金投入开发核心系列产品，以及开发高档次甚至国礼级别的文创产品（可以解决很多博物馆尤其是一级博物馆拿不出国宾礼的尴尬）。

（三）实施文化赋予

赋予的方式多种多样，要求也各有不同。举例来说，以历史事件讲解、历史人物讲解方式进行文化赋予的，要求正统，因为由博物馆"现身说法"更需要有理有据，此类经得住考证的内容可以作为博物馆授权合作中的智力投入；但以野史、传说来加持的，则更注重故事的趣味性，此类不宜作为博物馆授权合作中的智力投入；还有很多文创产品并非以讲故事的方式来实施文化赋予，而是根据图形、颜色、结构等呈现出符合传统文化的吉祥寓意，此类更需要与设计方沟通实现。

（四）将文化赋予的内容推广宣传，让大众接受

文化赋予，不仅是在文创产品上附着文化知识和寓意，还需要将这些内容宣传推广给大众，让大众接受。接受的过程，既是增加博物馆 IP 热度的过程，也是提升文创产品附加值的过程。

推广宣传的方式，对精力、资金等要求更高的是影视剧创作，但一个爆款影视剧作是可以快速、高效地将博物馆形象、相关 IP 渗透进大众视野的，接受度也更高，同款文创产品的销售也更容易。这种模式在韩国影视剧带动消费市场的案例中屡见不鲜。博物馆如有实力以影视剧方式进行推广宣传，则应以最强 IP 为核心，有余力的情况下可以纳入主推 IP。

其他推广宣传方式包括线上线下。以当前市场调研结果看，博物馆文创产品的消费者中女性占比越来越高，早期明星代言、电视广告、实惠是影响购买意愿的最主要因素，而当前影响购买意愿的主要因素排序已经发生变化，文创产品本身的个

性化、趣味性、实用性影响力占比加大。因此，文创产业从文化赋予这个环节开始就要考虑吸引消费者，并将宣传投放到更容易接触到消费者的平台空间和时间里。例如，利用碎片化时间的短视频平台，注重体验感和评测性的主播平台，等等。

（五）文化赋予的最后一步，是确定 IP 投放方向

前文说到，对主推 IP、最强 IP 进行筛选和赋予内涵时要考虑大众接受难易度，对具有不同属性、特征的 IP，投放的产品角度也是不同的。有的适合做成单品，甚至可以推出限量款，或者适合做成系列，甚至发展出一个个独立的新 IP 形象；有的适合做成生活态实用型产品，或者适合做成趣味性观赏性摆件；有的适合做成游戏、音乐等无形产品，或者适合做成有形产品。

博物馆对主推 IP、最强 IP 有产品投放倾向性意愿的，应在选择合作方、合作方式时加以考虑，主动提议。但考虑到博物馆毕竟不是企业，没有深度参与市场的经验，故而在大部分情况下，文创产业的合作方式属于合作方提议、博物馆考虑的性质，此时，应当注意投放领域是否涉嫌风险、是否涉嫌违背 IP 形象的否决性意见。

第二节　文创产品的设计与路径选择

国有博物馆几乎没有专门从事文创设计的人员，也几乎不会考虑专门招聘设计专业的人员（因为博物馆招聘设计师的方式存在众多问题，难以实现并且性价比不高）。因此，博物馆

在文创产业供应链中，提供的是 IP 内容和品牌价值，产品设计往往需要通过外部获得，获得途径包括委托设计、联合设计、贴牌、授权等。部分发展较好、资金实力较强的博物馆可以尝试通过投资文创公司、建立文创孵化基地等方式将外部设计师资源转化为博物馆自有自控资源。下面详述文创设计环节的来源选择和比较。

一、自行设计

自行设计指博物馆自己的设计团队完成设计后，再找厂家代生产，最后自行销售的模式。

这种模式下，博物馆创建并有效运营独立文创品牌，全权完成产品设计。这种模式的优点是，可以更契合博物馆的宗旨以及馆藏资源的内涵，能凸显博物馆自身的文创定位与形象。但劣势也非常突出：一是博物馆需要承担全部的开发经费和销售风险，涉及经济风险和政治风险；二是博物馆产品设计没有市场销售经验，缺乏市场反馈，容易设计出不受市场欢迎的产品；三是设计时未必符合产品工业要求，后续投产过程可能会产生制作成本过高、工艺无法满足设计等问题；四是博物馆的产品设计周期可能远远超出市场上专业的设计，不利于高效开发；五是招聘到设计水平高的设计师成本较高且难度较大，不容易取得优质设计、爆款设计。因此，不建议博物馆自行成立设计部门招聘设计师。如有意向发展自行设计的，可以通过以下两种方式将外部设计师资源转化为博物馆自有自控资源。

（一）投资文创公司

建议直接收购已经初具规模、有一定市场消费群体基础的公司，既然定位是做自己的设计，那么建议收购全资子公司或控股公司。博物馆应当在法律尽职调查、财务尽职调查完成后实施收购。

（二）设立文创孵化基地

由博物馆主导设立的文创孵化基地，主要面对社会上没有稳定就职单位的独立设计师或毕业生，通过基金奖励优秀作品等方式重点考察并吸收有一定设计实力或发展潜力的设计师成为博物馆的签约设计师，博物馆在提供场地和其他便利条件的前提下拿下其设计作品，直供博物馆。

二、征集设计

（一）征集方式和征集对象

举办文创设计大赛是博物馆征集设计的重要途径。参赛对象主要是具有普通知名度的设计师，也有少量设计公司、设计工作室参赛，这些设计师和设计单位参赛的目的主要在于通过大赛获奖来提升自身的知名度。著名的设计师一般不参加普通规格的大赛，除非是国家级、国际级赛事。

（二）注意事项

拥有普通知名度的设计师对奖金和其他回报的需求往往不是其参赛目的，其目的一般是提升知名度或者是获得与博物馆合作的机会。因此，吸引参赛者尤其要注意以下几点。

1. 宣传推广赛事活动，尽量提高赛事级别和评审专家级别，注重宣传官方认可的背景，在博物馆官方网站、官方短视频账号、官方网店、官方微信公众号上同步追踪赛事信息，同时邀请较有影响力的媒体对赛事活动进行宣传包装。

2. 奖项合理设置，提高最高级别奖项的珍贵程度，同时适当扩充普通奖项的数量。

3. 提高获奖者荣誉奖励，颁发做工优良的奖杯和荣誉证书。

4. 对优质获奖作品提供合作机会，且产品化后作者享有署名权，博物馆可在官方销售渠道中注明并简要介绍作者、设计思路、产品寓意等。

5. 评审过程注重公正性，必要时可邀请律师见证评审过程，邀请公证处公证获奖情况，且获奖作品的评审意见应非常充分。

6. 活动过程中发生任何争议，应及时委托专业人员处理，尤其是宣传公关和危机公关、知识产权声明和纠纷处理等。

建议博物馆在举办赛事时，可以选择有经验的活动策划公司、活动执行公司全程筹谋，以此降低博物馆风险。此外，赛事活动中涉及广告赞助的，应注意遴选广告商，对以下两类广告商应果断拒绝。其一，合作前或合作期间广告商发表有损国家形象、国家统一或民族团结的不当言论。其二，广告商所属行业与活动赛事性质严重不符的。

（三）优劣势

通过赛事活动征集设计的优势非常突出：在短时间内可以征集到大量设计作品，从数量上看比其他任何方式都要快。与此同时，活动赛事也可以扩大博物馆在行业内的影响力，以及博物馆在设计师群体中的影响力。

但其劣势也非常突出：征集到的作品质量参差不齐，出现优质作品的概率偏低；举办活动的投入成本较高；作者是否享有作品完整的知识产权很难确定，因而如果后期合作投产，需要先对知识产权情况进行审查。

（四）成本支出

征集设计作品的成本包括两部分：一是赛事活动的成本支出；二是对优秀作品拟合作投产的，需要洽谈具体合作方式，使用设计成果需要支付相应成本，有可能是作者授权使用设计成果的固定费用，也可能是作者、博物馆在未来产品销售收入或利润中取得分成。少数情况下，博物馆可以与参赛者洽谈一次性买断设计版权。

三、委托设计

1. 合作对象

委托设计指由博物馆提供 IP，委托他人设计出符合要求的文创产品的模式。委托设计的合作方，主要是拥有普通知名度或有一定知名度的设计工作室、美术学院、设计公司。因委托设计对设计质量、设计期限一般有明确要求，因此不建议与普通独立设计师个人合作，此类设计师如违约，其承担能力有限，博物馆法律维权难度可能较大。同时，因为委托设计成果的知识产权一般归属博物馆，因此，拥有极高知名度的设计师、设计平台和著名品牌往往不会选择此方式。

（二）注意事项

1. 应用场景：委托设计的定向性较强，需要博物馆明确委托设计的目标和产品投放方向，以便设计师进行针对性的设计。并且，委托设计的产量较低，但能够满足博物馆多次审核、修改的要求。因此委托设计更适宜用在博物馆明确产品投放方向、运用最强 IP 的产品之上。

2. 委托设计合同应特别注意：明确验收标准、验收程序、成果交付期限；明确委托费用的支付方式，可以是固定费用，也可以是未来收益或销售收入分成的方式；对作者的人身性知识产权可做出一定限制，视具体情形而定，建议博物馆的法律顾问根据委托内容个别定制。

（三）优劣势

委托设计最显著的优势在于设计成果知识产权归属博物馆，对作者的人身属性知识产权也可以具有一定约束。其次，设计目的明确，博物馆对设计成果的验收权利将保障设计成果符合博物馆预期。

但委托设计也有显著的劣势：第一，委托设计的产量较少；第二，设计成果的质量高度依赖受托人，所以需要精心挑选合作方；第三，合作方只负责设计，后续投产、包装、销售等需要博物馆与其他方洽谈合作完成，市场销售的风险主要由博物馆承担。

（四）成本支出

在委托设计中，委托关系单一明确，委托费用即为成本。

四、联合设计或双品牌、双商标

（一）合作对象

联合设计是指博物馆和合作方相互合作、共同完成设计的方式。在大多数情形下，联合设计适用于国内和国际知名品牌，或者具有雄厚实力和名声的文创产业公司（一般不是纯设计公司）。这是因为，联合设计的成果质量直接影响博物馆形象，且联合设计产品在多数情况下会使用双方品牌、双方商标，所以博物馆能够同意联合设计的前提应当是高度认同合作方设计水准，并且合作方的生产能力、销售能力等均有较高保障。

（二）注意事项

1. 联合设计中联名品牌必然精选IP

国内、国际知名品牌大多欢迎不同行业的带有独特价值的著名品牌联手合作达到双赢目的，其与博物馆合作进行联合设计的款式数量一般极其有限，因而一般用博物馆最强IP或者在主推IP中精选独特性最强也最符合其设计用途的数种。博物馆在联合设计过程中，应尤为注重对所用IP的文化赋予，体现其呈现的文化价值，甚至体现其承载的民族精神价值。

2. 联合设计的过程也是博物馆筛选合作方的过程

在委托设计中合作方发表不当言论的可以立即终止委托，对博物馆的影响有限，但在联合设计中，往往产生双品牌产品，一旦中途终止合作关系将影响深远、损失较大。因此，要慎重考虑和选择联合设计的合作方。博物馆，尤其是一级博物馆，可以有很多知名品牌做备选合作方。博物馆在选择时，要考察合作方长期的品牌文化是否符合我国主流价值观和博物馆的价值取向，从而降低外部环境对合作关系带来毁灭性冲击的概率。

3. 联合设计应用领域

联合设计应用领域也要考虑是否符合博物馆对相关IP的投产方向定位和预期。

4. 博物馆不必要深度参与产品设计过程

联合设计，并不意味着博物馆必须深度参与产品形象设计过程，有可能是在文化赋予、设计理念和概念上提供意见。

（三）优劣势

联合设计的对象决定了优势主要集中在以下几方面。

1. 设计成果质量极高。

2. 知名品牌本身有一定市场占有率，且往往有成熟的生产、销售渠道，因而做联合设计、双品牌文创产品能对后期生产、销售提供一定的便利和保障，实现经济利润比较有保障。

3. 联合设计更容易形成爆款。

4. 方便跨行业合作，促使博物馆文创产品的品类丰富。

5. 从经济成本投入考虑，博物馆承担较低设计成本或者不承担设计成本，在部分合作中甚至可以收取品牌授权、IP 授权费用，极大降低博物馆文创产业经营风险。

6. 和国际品牌合作，可进一步扩大博物馆的国际影响力，为促进我国对外文化交流（输出文化）和文化类国际贸易做贡献。

联合设计的劣势主要在于数量有限，且知识产权归双方共有（博物馆不得单独处置）。

（四）成本支出

博物馆与合作方协议约定，可约定由合作方分摊大部分或全部承担文创产品前期设计、生产、销售、包装、广告等成本，甚至约定博物馆收取品牌授权、IP 授权费用。成本支出的承担往往关系到后期销售收入或利润分配的比例，因而不能只考虑转嫁成本。

五、公益授权和商业授权

（一）授权对象

此模式下 IP 授权的对象不特定、不限制，对全社会公开。

授权分为公益性质的授权和商业性质的授权。前者是为了达到文化宣传推广目的，促进社会各类人士使用 IP 而进行的授权，由博物馆自身提供，避免大众通过搜索引擎或其他网站下载图像，集中体现博物馆文化价值、社会价值和共享精神。后者是有意向使用授权 IP 从事商业开发的社会公众，可以通过快捷支付方式，有偿获得博物馆馆藏资源中受保护知识产权的内容，并获得将其用于特定商业开发目的的使用权。

（二）注意事项

1. 授权对象的开放性决定了授权路径的公开性，博物馆可以将官方网站或者文创开发平台作为其授权平台，通过对博物馆 IP 进行梳理，区别用于公益授权的内容和用于商业授权的内容，并采取分级定价制——开放部分具有公益价值的 IP 呈现形式做免费授权，开放部分具有经济价值的 IP 呈现形式做不同价格的有偿授权。

2. 商业授权的对象应是博物馆享有知识产权的主推 IP，包括权利人是博物馆且在保护期限内的馆藏资源，也包括博物馆对馆藏资源进行智力加工后形成的图形图像、数据等内容。

3. 做 IP 授权的，所产生的文创产品不使用博物馆品牌和商标，仅可在产品描述中标注合法授权。

4. 对部分极好的产品，合作方有意向做成双商标的，也可以同时做品牌、商标授权。双商标授权应谨慎，并高度重视后续工作中对质量和服务的监督。

（三）优劣势

博物馆将 IP 投放于文创平台进行公开授权的优势表现在以下几方面。

1. 知名的设计平台往往拥有比较多的、设计水平中等偏上的设计师资源，由平台对接设计工作可以给博物馆省去大量工作。

2. 设计师有偿授权后进行设计的，设计质量平均水平一般比征集方式略好。

3. 投放设计平台的博物馆 IP 可同时为众多设计师使用，同一 IP 产生的设计作品、产品用途多样，给博物馆带来更多选择，更容易产生同一 IP 不同品类、不同风格的系列产品。

4. 设计平台往往有对接生产、销售的产业资源，便于后续产业开发环节。

劣势主要在于博物馆一般不享有知识产权，并且不能保证 IP 是否用于博物馆不认同的产品应用方向。

（四）成本支出

众多平台大力吸引博物馆入驻，投放平台几乎不产生成本。官网搭建授权技术系统可能产生一定成本。

六、特定对象的商业授权

博物馆也会遇到文创企业（一般都是兼具设计、生产、销售能力的企业）主动前来洽谈商业授权的情况，此时，授权的对象是确定的，其实力是可以预判的，授权 IP 的授权期限、应用场景、产品方向也是博物馆可控的。此类商业授权应该特别注意以下几个问题。

1. 授权期限适中。过短的授权期限不利于企业，因为从授权 IP 到设计到建模到投产再到投放市场，需要一定时间，过短的授权期限可能导致企业不敢过多投入；但授权期限也不宜过

长，因为过长的授权期限一是可能影响博物馆选择其他合作方
（尤其是授权为排他性授权或者在一定产品方向上的排他性授
权），二是在长期授权期间合作方发生对文创产品开发销售不
利情况时博物馆的控制手段可能降低。

2. 授权一般不建议独占授权，也不建议给排他性授权。个
别企业可能要求在一定范围内做排他性授权，一般指在特定产
品投放方向上排他（比如，授权 IP 用于女士面膜包装），或者
投放场景 / 平台的排他（比如，在某电商平台上开官方授权旗
舰店），此时应特别慎重，既要考虑企业综合实力，也要考虑
企业对授权 IP 的应用规划（合同可以做量化约定，可以约定开
发进度、数量，可以约定销售额，也可以约定其他限制条件敦
促企业不要荒废授权 IP）。

3. 相对而言，一定范围内排他性授权的收益会比一般授权
的收益高，在做收益约定时，注意确定分成基数是利润还是销
售额，两者计算方法不同且税务处理不同。

4. 博物馆对特定商业授权的文创产品销售情况，可以采用
溯源码或其他方式监督销售情况和销售收入。

5. 博物馆可以要求特定商业授权企业定期定量提供一定设
计给博物馆，博物馆享有该设计成果的著作权，这可以作为博
物馆提供授权的附加条件，对取得著作权的设计成果，博物馆
可以自行开发投产销售，也可以与该企业合作投产销售。

6. 在仅做 IP 授权的情况下，博物馆可以对产品生产进行监
督，但对产品质量不承担责任；此外，博物馆可以约定取得在
产品发生质量问题时有介入了解和调查的权利。

7. 如果特定商业授权企业同时得到品牌、商标授权，则博

物馆必须对产品质量进行严格监督。

七、采购贴牌

采购贴牌是指博物馆从市场上已有的产品中选择和自己博物馆形象、文化相符的产品，采购后贴上博物馆商标。这种模式较常见于博物馆与媒体合办文博展览的情况。

在采购贴牌模式下，博物馆直接从市场采购品质较好、具有文化寓意的文创产品，省去设计、生产的参与和监督环节，但要追求采购产品与博物馆文化的高度契合，否则仍然容易"同质化"，难以体现博物馆文创产品的独特性。

采购贴牌合同应特别注意知识产权的归属。

第三节　文创产品的宣传和包装

博物馆的宣传路径比较传统，一般包括官方网站、电商平台官方商城、短视频平台官方账号、微信公众号等。对自行设计、征集设计、委托设计、采购贴牌等自有版权产品的宣传和包装往往严重依赖博物馆自身，而博物馆一般较难具备优质策划宣传和包装的能力。

因而，我们建议博物馆在文创产品的宣传和包装方面做好以下几方面。

1. 博物馆将自有版权产品的宣传和包装工作一并交托产品销售方，对核心产品可以委托专业的营销单位进行宣传和包装。

2. 自有宣传渠道应委托专业单位实施搭建，从排版、文案、色泽、构图、操作技术便捷、浏览目录清晰、产品分类合适等几方面，提升浏览舒适性和消费体验感。

3. 宣传和包装的文案，必须符合国家广告法相关规定，慎重使用"唯一""最优"等词汇，杜绝名不副实的现象。

对博物馆双品牌产品、授权产品，往往由合作方自行宣传、包装，博物馆只要监督其没有违法宣传即可。一经发现违法行为，可以发函提示或警告。

第四节　文创产品的生产

一、双品牌产品的生产

在双品牌合作模式下，文创产品的生产一般由合作品牌完成，博物馆主要负责产品的质量监督、把关审核工作。

二、委托生产

博物馆自有版权产品需要采购生产厂家使之落地投产，公立博物馆作为文化事业单位，进行商业活动时往往参考政府采购方式选择生产厂家。

（一）招投标方式

对于较大额度或较重要的合作方筛选，建议通过招投标方式（包括公开招投标和邀请招投标两种）采购供应商，以确保供应商采购过程的公开、公正、透明和廉洁，以及保障博物馆纪检审计和领导经济责任审计的安全性。特别重大、容易引发争议的应采取公开招投标方式。制订招投标方案时应注意以下几点。

1. 第一步从选择招标代理机构开始。很多单位会忽略这一步，但其实招标代理机构的选择过程也可作为降低风险的措施，通过民主票选（建议无记名）等方式从入库招标代理机构中确定一家实施招标代理工作。

2. 在后续代理招标过程中，博物馆要参与招标文件中招标人需求内容的编制，这部分内容应详细、完善，并注意与模板合同的衔接。

3. 在招标过程中，博物馆领导注意不应直接干预招标活动，不应暗示、指示中标方，代理机构也应时时注意提醒博物馆领导行为符合纪检审计要求。

4. 招标文件中涉及底价、最高限价的，应注意提供作价依据，可委托评估单位或通过其他方式确定参考值。

5. 招标代理机构通过法定招标程序确定候选供应商的，博物馆应依法及时确定中标方，并依法按时签订正式合同。

6. 招投标过程中，博物馆的法律顾问应注意审查评审条件是否具有明显的排他性，以及注意审查模板合同，尽管正式合同可以在不影响公正性、不变更实质内容的前提下对模板合同进行微调，但为避免争议，仍应在招标活动开始就修订完成模板合同以保障博物馆权益。

7. 在开标、评标过程中，博物馆领导原则上不发表倾向性意见影响评审专家，博物馆专业人员作为评审专家的除外。

8. 招投标所需时间较长，对需要采用招投标方式确定供应商的应提前计划和安排。

（二）竞争性磋商、询价方式

竞争性磋商一般由代理机构邀请三家或三家以上的备选供应商参加，询价一般由博物馆或代理机构邀请三家或三家以上的备选供应商参加，参加的供应商按照磋商文件、询价文件要求响应，评审专家进行评议后确定候选供应商，并最终由博物馆确定最终供应商。竞争性磋商，适用于采购金额较低、无须招投标、供应标准产品的采购事项，整体用时远远少于招投标方式，因而也适用于紧急非重大高额事项。竞争性磋商可以进行面谈面议并可以进行二次报价，而询价一般通过书面方式评审，不面议，且只能一次性报价。

竞争性磋商、询价都并非面向公开不特定供应商，因而在公开公正性方面容易受到质疑。采取竞争性磋商、询价方式应相对谨慎，特别注意各环节通过民主集中方式形成意见。

三、对生产厂商要严把质量关

（一）文创产品生产质量把控

文创产品生产厂商应当负责产品的质量安全问题，博物馆方在产品生产过程中应当进行质量监督、把关工作。产品质量控制的环节分为进料品质把控、制程品质把控、出货品质把控。

品质把控的标准一般有订单具体要求、相关法律法规要求、行业标准、国际标准以及厂商内部品质管理规定的品质检验标准。

生产厂商首先应当保证产品用料质量，用料的品质等级要求以订单具体要求为准，至少不低于正常标准与行业标准。产品原材料供应商必须是合格供应商，并且应当提供相应的资质证明材料。若产品采用样品要求用料，验收用料标准应当以合作方提供的确认样品为准。

产品制程品质把控主要集中于产品用料配比与工艺手法的监督上，产品用料配比应当按照标准执行，工艺手法也应当符合产品制作要求，避免在生产过程中出现外观、尺寸、功能等问题。

产品出货的品质要求应当满足的条件是：产品功能完好，所有配件规格、数量、方向正确；产品结构与外观符合订单要求或与样品保持一致；产品包装后无变色、磨花、缺陷以及不干净现象；产品包装中的所有标贴、吊牌字体清晰、内容无误，包装方法符合订单要求，包装盒无破损或不干净现象。

（二）文创产品仓储过程质量把控

文创产品生产厂商在产品仓储过程中应当在进货验收、仓库保管以及出库的三个环节中严格把控产品质量，明确不合格产品的处理流程、有效期产品管理制度等。

文创产品到库后，组织质量管理部门工作人员进行验收，产品名称、规格型号、数量等项与产品订单保持一致，若产品有特殊性，应就其特殊项进行核对；验收合格的产品由仓库保管员办理入库手续，建立商品台账；验收不合格的产品及时通知运输部门等相关部门，尽快查明原因并补足产品。

文创产品入库后，按照产品储存条件调节仓库存储温度并做相应记录；产品由保管员定期进行清点核对；如有特殊产品，按照要求进行特殊管理与养护。

文创产品出库时应由销售方办理出库手续，取得出库单，仓库保管员根据出库单出库，并由销售方进行核对。

（三）合同应赋予博物馆检查监督权利，包括以下几方面

1. 在批量生产前，对样品进行质量检查。

2. 按照样品标准，对头几批次的产品进行质量检查，良品率应达到 80% 以上。

3. 后续批量生产，实施飞行检查，良品率应达到 80% 以上。

4. 一旦发生质量问题，应全面彻查生产工艺、生产车间等，向社会公开调查结果，并敦促合作方纠正相关问题。

第五节　文创产品的销售、运输和仓储

这里所说的销售、运输和仓储仅针对有形产品。无形产品的销售一般由合作方直接完成，博物馆仅在自有渠道嵌入链接即可。

一、博物馆自营文创商店

对博物馆在馆内或馆外特定地点自营文创商店的，博物馆应按照商店运营的方式招聘人员，实施岗位培训和安全培训，建立完善的运营管理制度。

（一）招聘人员的注意事项

商店运营至少需要店长（店面负责人、店面经理）、营业员、收银员、库管员、安全员。这些人员中，如果库管员和安全员从博物馆后勤部门、安保部门抽调，则应确保其服从店长

管理。

店长应招聘具备运营管理店铺丰富经验的人。

考虑到实际情况,除店长外其他人员可能受教育程度不高,而自营文创商店的形象会极大地影响博物馆的形象和观众游览、消费的体验感,因此要特别注重商务礼仪培训等。

(二)店面经营管理的注意事项

整体应建立完善的运营管理制度并落到实处,格外注意以下几方面。

1. 所有工作人员应统一着装(可有所区分,但应保持一个色彩系列)、佩戴工牌,保持面部、手部清洁。

2. 店面装修设计和施工应委托专门单位完成(通过采购确定供应商),符合消防安全要求,特别注意室内通风,进行室内温度控制;通道宽度应保持高峰期正常通行,装修、施工期间应当设置安全标志。

3. 店面产品摆放应分区、分功能,保障观众在消费过程中的便捷性,同时可配合博物馆活动推出当季主打活动或促销活动,且在醒目区域设置活动区。

4. 销售中特别注意在收银时主动打开包装确定产品完好再交付消费者,避免无妄争议。

5. 对店面内盗窃、毁损等行为,应及时由店长和安保员处理,并且必要时联系公安局或派出所。

6. 定期进行安全培训,演练突发紧急事件应对处理。

7. 假如发生纠纷应尽力避免形成社会舆论。

(三)仓储和运输

文创商品的铺货应注意预留余量,大部分有形产品对运输、仓储没有条件限制，一般交由生产企业运输到指定地点。对特定产品要采取特定方式，例如预包装食品，在运输、仓储时应注意选择有助于保持包装完好的方式和保证不变质或不改变产品形态的方式，在温度、湿度、光照度等方面做相应处理，一般交由生产企业或有条件的专门运输企业完成运输，博物馆准备相应的仓储条件即可。

二、其他合作商户在博物馆内运营文创商店

其他合作商户在博物馆内运营文创商店的，博物馆原则上不插手合作商户的销售、运输和仓储，但应注意以下几点。

1. 文创产品仓储应符合博物馆要求，不得在公开环境下乱堆乱放，不得造成安全隐患。

2. 文创产品在进出博物馆时，应符合博物馆门禁管理制度，由专人、专车按照规定的路线、规定的时间进出博物馆，避免给观众造成不良影响和安全隐患。

3. 卸货补货时间应尽可能选择博物馆非游览时间段。

4. 合作商户进入博物馆内商铺的人员，应报博物馆备案，核对其身份，并要求其配合博物馆门禁管理制度。

除此之外，博物馆还应对馆内商户的类别、区域等进行统一规划，建立对入驻合作商户的统一管理制度，从工作人员形象、店铺外部装修、规范用水用电、注重消防安全、铺面卫生管理、保证服务质量、运营设备管理、商户进退场管理等各方面进行规范，提升博物馆内商户整体形象，提高观众游览舒适度和消费体验感。

三、其他情形

在其他情形下，合作方自行销售、运输和仓储，基本无须博物馆参与。仅对使用博物馆品牌、商标的文创产品的销售、运输和仓储过程，博物馆有权监督，着重检查过程中工艺或技术是否能保证产品安全、产品包装完整和产品质量。

第六节　数字文创的产业链

数字文创具有特殊的产品形态，因此，数字文创的产业链显然与上文有形产品的产业链在各环节呈现不完全相同的表现形式。不同领域的数字文创产品，例如，AR、VR、数字博物馆、数字藏品、动漫、电影、游戏等具备不同的产业链，在此不一一展开，仅以近两年爆火的数字藏品做个举例。

数字藏品一般至少经历创作设计、授权、宣传、铸造、发行等环节，涉及的合作方一般至少包括授权方（博物馆往往是授权方）、发行方、发行平台等。我国严格禁止数字藏品证券化、金融化，且数字藏品的内容一旦涉及违反党和国家利益、违反公序良俗，将带来巨大危机。因此，在现阶段，我们不推荐数字藏品在公有链上发行，而选择在国内知名互联网企业的联盟链、私有链上发行，这会大大降低博物馆的风险。

第三章　大文化区／文旅区建设

第一节　整体规划和文化元素打造

一、整体规划

以博物馆为中心，辐射周边一定范围来发展大文化区（也叫文旅区），首先需要**客观条件成熟——在空间上有发展大文化区的可能性**。在满足这一前提条件的基础上，博物馆可以考虑与地方政府以及实力雄厚的文旅企业（例如，地方上综合实力强的集团公司、上市公司、国有企业等）合作，开发大文化区。

因为大文化区的区位边界受到地理因素、政策因素、土地规划因素等影响较大，因而以博物馆为中心，并非要求博物馆必须位于大文化区的中心位置。但**大文化区的文化氛围建设应当以博物馆所代表的文化主题为核心**。突出各博物馆特有的文化主题，是避免大文化区"千篇一律"的重要举措之一。

在整体规划层面，**我们建议博物馆委托专业第三方机构进行分区规划和动线设计——整体规划应首先考虑地理条件**（比如，部分项目适宜建造在平坦区域，部分项目适宜临水，部分项目适宜依山修建等）、**气象条件**等客观制约因素；**功能分区应至少包括文化游览单元、娱乐体验单元、餐饮单元、配套服务单元等，综合实现休闲功能、观光功能、商业功能、生活功能等；**动线设计应按照游客一般行进路线进行设计，综合考虑游客自身的需求（例如，在游客走累了需要停歇的地方设置配套服务单元或餐饮单元）和体现博物馆文化主题特色的需求（例如，按照时间先后、区分不同文化主题元素、先展览后体验或者其他逻辑，排布文化体验单元的各个场馆），设计各功能分区的位置、容纳量等，这样一方面能增强游客游览的便利性、舒适性，另一方面能更好地延续和激发游客对博物馆特色文化主题的喜爱度和记忆深度。博物馆可以在第三方提供的规划方案基础上进行完善。

好的整体规划，还应注意**为未来发展预留空间，以及在规划过程中注重体现人文关怀精神，考虑到各种各样游客的刚性需求**。在文创店周边预留更大的绿色空间，为以后扩建做准备。再例如，在停车场可以设置 SUV 车辆专用车位、女士专用车位，在餐饮区、购物区、休息区配套残疾人、老年人专用设施、母婴护理室，在卫生间扩大女性区域等。人文关怀既需要照顾到一般游客的普遍需求，也需要关注特殊人群的特殊需求。

硬件投入只是一方面，管理水平也需要与时俱进，**不定期对工作人员进行培训，端正他们的工作态度，提升他们的工作能力，注重安保工作，注意对各个功能分区的日常维护，**避免因不同程度、不同方面的管理疏忽使既有的功能分区资源浪费，破坏其应有的功能、辜负了游客的期待。

此外，各博物馆和文化区还可以根据自身条件设置规划特色。例如，深圳自然博物馆毗邻风景秀美的坪山燕子湖，故而在设计建筑和景观时，将建筑主体打造成"河流"形态，并以此为主线构建整体的建筑和景观设计，将生态系统引入建筑。同时，周边延展性极好，设计规划了包含屋顶植物花园、阶梯式湿地岛屿和蜿蜒滨河公园的交互式公共场域。可以预见，如果方案得到完整落实，将形成一个非常优秀的大文化区。

二、文化元素打造

（一）文化元素的定义

文化元素是组成文化的最小单位，在历史发展的长河中，一张弓、一件服饰或是一个符号等都可以构成单个的文化元素，组合起来又可以构成某个文化主题的系列文化元素。例如，曾侯乙墓出土的编钟，如果纵向地看，从历史的角度，编钟兴起西周、盛于春秋战国直至秦汉，将各个时期的编钟做对比和分析，可以形成一个"编钟历史"的文化主题；如果横向地看，与同时期乐器比较，将战国时期其他乐器组合起来，又可以形成一个"战国时期乐器"的文化主题。需要注意，"最小单位"的确定是相对的，故文化元素有其不确定性。仍以曾侯乙墓出土的编钟为例，整套编钟由 19 个钮钟、45 个甬钟，外加楚惠王送的一件大镈钟共 65 件组成，装饰有人、兽、龙等花纹，并刻有错金铭文，将整套编钟视为一体可以构成一个文化元素，但将其中一个钟、一个装饰单独拿出来也可以构成一个文化元素。

（二）文化元素打造方式

我们建议博物馆采取先拆解再组合的方法来打造文化元素。拆解，以秦始皇帝陵博物院所承载的秦文化为例：以秦始皇人物为主题可以拆解出其统一和发展的举措等元素；以兵马俑为主题可以拆解出秦军队建制等元素；以秦朝服饰为主题可以拆解出服仪和等级等元素。其他的秦文化主题也可以拆解出很多元素，例如，秦朝特色小吃、秦朝典故、秦朝民间习俗等。

拆解之后，文化元素就具象、清晰了，此时，博物馆或者与其合作的大文化区运营管理者就可以分析这些文化元素：哪类文化主题项目下的元素在数量和内容上更丰富？哪些文化主题或者文化元素更有特色？然后进行组合。

如何进行组合呢？我们认为，组合重在有体系，有逻辑。首先，可以如前文编钟示例那样，通过横向发散或者纵向发散的方式形成一个文化主题，围绕这个文化主题打造大文化区的分场馆。在分场馆内部，不管是建筑、装修、装饰、灯具，还是服饰、餐饮，都应该适度凸显这个主题，灵活运用相关文化元素去构思和设计。例如，以某历史时期兵器为主题的，可以构建中国古代兵器的演进史展厅、衔接体验区、衔接相关文创产品商区。恰恰因为是大文化区，所以在凸显博物馆馆藏的代表藏品兵器的同时，可以扩大范围、充分延展。

我们举个更具体的例子来说明。湖北黄陂木兰文化旅游区，以木兰山为文化原点，发掘花木兰替父从军、为国尽忠的忠孝节义文化；并捆绑周边的木兰云雾山、木兰草原、木兰天池等四个景区，附着了花木兰外婆家、习武地、归隐地、祭祀地的完整文化背景和故事，取得了极大的经济、品牌和社会效应。目前，黄陂区以木兰文化为主题的景区已发展到十几个，诸如木兰小镇、木兰湖等，冠以木兰文化商标的旅游产品已辐射到经济生活的方方面面。

其次，有些文化元素丰富，但不容易抽象出文化主题，那么可以采取按类别、按寓意、按事件等方式进行组合。例如，文化元素反映的虽是不同历史人物，但都是与武将相关的，可以组合在一起。再比如，文化元素反映的虽是不同传说或寓言，但都是与"孝"相关的，也可以组合在一起。

最后，有的文化浏览单元、娱乐体验单元功能分区因为天然的、客观的需求而进行元素配置。例如，蝴蝶展馆和文创商区就需要单独的场馆分区，要符合蝴蝶生存的环境要求。

以上只是思路，博物馆在实际应用时，还需结合实际情况进行调整。

组合文化元素是以文化资源要素的内涵分析为基础，通过整理并按一定的方式组合起来，可以更好地形成规模，丰富集合性价值，显示文化资源要素的现实意义，即观赏游憩价值、科学价值、历史价值、文化价值、经济价值等。

（三）提升文化元素的价值

原本是一个简单的东西，本来没有引申出的文化渊源，因为历史原因、人文原因、工艺原因等，人们就赋予了它特殊的文化价值。以黄酒为例，黄酒是普通的酿造古酒，为什么有的地方叫女儿红？为什么它是婚宴用酒？因为黄酒在历史发展变迁过程中被赋予了很多文化。文化元素的打造过程，是重温人类智慧或者自然力量的过程，是让游客在大文化区游玩过程中深入学习和直观感受文化的过程，也是实现传承和传播文化价值的过程。

大文化区，要以文化带动区域旅游发展。例如，杭州市区内的西湖、西溪湿地、灵隐寺、宋城等众多自然和人文景观形成了良好的互动效应。杭州周边百公里范围内的千岛湖、富春江等与之则形成了集群效应，由于这些景区山水人文景观迥异，文化地域色彩突出而深厚，因而区域景观组合形成了"1＋1＞2"的良好效应，文化价值得到极大提升。

打造文化元素的过程，其实是输出文化价值的过程，也是实现文创溢价最重要的方式，是使"死"的文化元素在民众内心活起来、变得有温度的重要途径。

（四）大文化区打造 IP 的常见问题及建议

第一，对 IP 的概念和范围存在误解。

我们了解到，有一些经营管理者认为名人 IP 或古迹 IP 非常有名，就可以围绕这个 IP 建设大文化区，这种想法往往是不够成熟的。大文化区的重点在于文化，名人或古迹往往是文化的承载体，我们还需要拆解、组合文化元素，整体呈现出大文化区具有特色、内容丰富的文化，如此才可以打造大文化区。拿我们国家的长城举例，长城主要分布的省区市有 15 个，但不是所有拥有长城遗址的地区都可以发展为景区。可见，往往是具有代表性、具备特殊历史意义的地方才值得被建设为景区。中国历史悠久，古今名人众多，旅游景区经营者曾热衷于名人故里之争，但成功打造出的名人故里并不多，因此，对一个 IP 应当深度探索，研究与这个 IP 相关的不同文化元素之间的联系，再系统化地呈现给游客。以电影《印象刘三姐》为例，刘三姐的民间传说和相关电影打造出了刘三姐人物 IP，而《印象刘三姐》利用山水实景，由原住农民当演员，短短的 60 分钟演出就让游客感受到了当地人民的劳动和生活。曾有一个世界旅游组织官员看过演出后如此评价："这是全世界看不到的演出，从地球上任何地方买张飞机票飞来看再飞回去都值得。"

第二，对 IP 缺乏解读，缺乏展示。

文化旅游 IP 包含了大量文化元素 IP，庞大的信息量对于初次游览观光的游客而言将是巨大挑战。因此，景区不再适宜继续使用文旅产业 1.0 时代的笼统介绍方式，如果景观和展品没有细节介绍、形象展示，游客将很难产生记忆点，只能走马观花，不能深度了解其中蕴含的文化价值，也就很难喜爱这些文化元素 IP。一个成功的文化旅游 IP 比如经典电影，不同的人在不同时间、不同环境观看都会有不同的收获。想要让 IP 真正走进游客心中，就要求景区对 IP 进行多维度解读，并且通过一定方式展现出来。比如，利用小说、电影、电视剧、网络游戏等多种形式，让游客在文化娱乐中想象与感受。

第三，文旅区内的文创产品平均销售收益难以提高。

游客购买文旅区商品的原动力，与其说是对景区的纪念，不如说是他们对来景区旅游过这一事件的纪念，所以，必定有一部分文旅商品承载了游客旅游时的心情、思考、想象等。消费过程是游客与文旅区的二次接触、延伸接触。游客对文旅商品的认可度不够高，往往有两类原因：一是因为对文旅 IP 没有深度认知和记忆；二是因为商品本身问题，例如，商品设计形象不够好、做工粗糙、没有新意，或者定价太高等。所以，文旅区应当大力塑造有特色的 IP，并通过有温度的方式呈现给游客；同时，注重文旅商品围绕特色 IP 推出特色系列，并且注重创意、质量和成本控制（价格控制）。有的文旅区在塑造 IP 时略显内涵单薄或者创意不足，那就很可能会影响文旅区未来长期发展。在文旅区拆解文化元素、组合文化主题、打造主要 IP 的基础上，文旅区或者合作方才可更好地围绕这些 IP 研发文创产品。文创产品不仅要注重品质，要想满足消费者日益提高的精神需求，研发者还要注重文创产品的设计，通过设计使文创产品具有趣味性、独特性、美学价值或能体现手艺人的匠心精神等。在产品定价方面，研发者除了要考虑各款产品消费者定位和参考市场上同类产品定价外，还可以采取同款产品分规格分级定价的方式，适应不同消费者需求。我们建议文旅区管理者特别注意，尽量避免同一产品在线下和线上的售价差异过大，也尽量避免文旅区内同货不同价。

第四，IP 打造不成系统。

一个完整的文化旅游 IP 是各种体验形式的综合，而一些景区在规划时欠缺系统性。游客对 IP 感兴趣却无法深入了解，愿意为 IP 消费却无物可购，这样的情境不仅无法让游客满意，反而会使游客对景区的印象大打折扣。IP 的打造要围绕核心打造系统。文化旅游 IP 是一个整体，超级 IP 必将是演艺、主题公园、主题酒店、文旅小镇、博物馆旅游、文化节庆、旅游商品等多种形式组合起来的大文化区生态。这就要求景区规划建设者既要有宏观格局，又要有微观行动。

第二节　大文化区/文旅区建设

一、统筹管理

大文化区需要整体运营思路，不能让入驻商户完全各自为政，这也是大文化区建设往往需要在地方政府整体规划下，由博物馆与综合实力强的集团公司、上市公司、国有企业等合作承建和运营的原因。在统一管理方面，博物馆无须做太多事情，遵照地方政府规划、支持合作方管理即可；同时，为促进大文化区发展，博物馆除了承担一部分文化旅游单元的观光功能外，有可能还需要配合大文化区举办一些活动，提供一些便利。

（一）管理方

大文化区的监管方一般是地方政府，而具体的管理方一般是投资、建设、运营大文化区的企业或其指定的下属企业，很多时候是国有资本全资或参股的文旅企业。管理方应注意维护文旅区良好的经营秩序，强化对商家进驻管理，规范商家日常经营活动及行为，并制定一些管理规范，要求入驻商户遵守，对其实行统一招商管理、统一物业管理以及统一服务监督。管理方应设置不同部门实施不同角度的管理，做到以下几方面。

1. 物业保障部对公共区域的物业实行统一管理，制定服务/管理细则，指导入驻商户落地实施。

2. 运营部负责督促入驻商户合法开展经营活动项目，按照本细则要求开展工作。

3. 后勤部或商务合作部办理商家进场、退场手续，全面、及时掌握各个商家的经营情况。

4. 其他部门通力协作，预防商家随意退场，发现异常情况及时相互通报。

（二）对商户统筹管理

1. 管理方应要求商户接受管理方对其经营行为的监督，必须遵守国家的相关法律法规及管理方制定的各项规章制度，维护大文化区、博物馆良好形象。

2. 管理方应要求商户接受管理方对其产品质量进行抽查的监督，应当严格执行国家法律法规有关产品质量、标价签、衡器、计算器的要求，并承担产品质量的法律责任。不得陈列、销售政府规定的违禁品，或其他部门经检测后认定的不合格产品。如质检部门发现或管理方通过其他方式发现所销售的某类产品涉嫌或确认存在质量问题，商户应及时采取暂停销售或产品下架等措施，防止出现恶性事件对本文化区和博物馆产生不良影响。

3. 管理方应要求商户接受管理方敦促其培训店员的监督，商户员工上岗前应经过基本的礼仪培训且应提供定期或不定期培训。

4. 管理方应要求商户接受管理方对其安全措施的监督，用电必须符合安全规定，由专职电工安装、维修，不准乱拉乱接电源线，不准超负荷用电，不准使用不合格的电料及保险装置。商户应每月召开一次消防安全例会，会议内容以研究部署落实商铺的消防安全工作为主，商铺装饰装修应依法采取安全措施，确保安全作业、确保无安全事故。同时，考虑到施工期间如大文化区仍向游客开放，各个商铺应采取安全警示、安全防护等措施防止伤及游客。

5. 管理方有权介入商户与游客冲突的调解工作。

6. 管理方应安排好公共区域与商户区域的物业服务衔接工作。

7. 管理方应对商户用水用电用气情况实施监督，商户应当做到每月对用电、用气、用水设备和线路进行一次全面检查，发现线路老化和漏电等现象必须及时维修处理。

8. 管理方应对商户消防安全情况实施检查，例如，商户为防火第一责任人，各商户必须遵守国家关于安全防火的各项规定，做到万无一失，保证所在场所的消防安全，严禁在商铺内乱拉、乱接电线及插座，电源插座旁禁止堆放纸盒、塑料、泡沫等易燃物品，各商户每天离开商铺前应确认锁好房门以及关好水、电、气的阀门，一旦发生事故由商户自负。

9. 管理方应对商户知识产权侵权或其他侵权行为的监督和纠正，商户销售的一切商品或服务不得侵犯他人著作权、商标权及专利权等权利。

10. 管理方应对商户商铺卫生管理情况实施检查、监督，商铺每日应保证店面干净明亮，地面、墙面、顶面无污物、水渍，按时通风，无异味，雨雪天气应随时使用干布将地面、台面清洁干净，并采取相应措施防止地面湿滑，谨防顾客摔倒摔伤，商铺外部走廊过道卫生由商户负责，应安排员工进行清洁，保证该区域干净整洁。

11. 管理方应要求全体商户严格落实当地的防疫政策，并不定期进行检查。

12. 根据各个博物馆的具体情况，管理方实施其他统筹管理工作。

二、商家进驻

大文化区必然需要多类型商户入驻来实现各种功能。

（一）商家入驻手续办理

商家入驻手续办理如表 3-2-1 所示。

表 3-2-1　商家入驻办理手续

步骤	工作要点
手续办理	招商成功后，由所在区域的经营管理专员负责办理商家入驻手续，收取相关费用
填写资料	经营管理专员和运营部经办人员负责填写《项目商家入驻申请备案表》
记录相关数据	通知项目工程人员及时、准确抄录电表、水表等起始读数，注明房屋相关设施（包括装修装饰），并由经办人签字确认
审核资料	经营管理专员将物业服务协议及其他相关入驻资料交资料管理员，经其对商家身份及移交资料审核无误后，报经营管理主管、工程主管、项目经理在《项目商家入驻申请备案表》上签批同意入驻意见
商家确认	商家验收商铺，无异议后在《项目商家入驻申请备案表》上签字确认，设施设备维护部接通商铺水电能源
资料报批	经营管理主管将《项目商家入驻申请备案表》、物业服务协议及其他相关入场资料报运营部总经理审批
建立商家信息台账	经营管理专员建立商家电子台账，并确定（审核）商家费用缴纳起始时间
告知客户装修手续办理流程	客户有装修要求，由经营管理专员告知客户装修手续办理流程，并会同工程主管对进场商家的装修方案进行审查，提升卖场形象。
办理完毕	商家入驻手续，装修验收手续办理完毕，正式入驻

（二）商家进驻方式

对重要商户的选择，可以采用公开招投标的方式引进。由大文化区的管理方自行或委托招标代理机构对外发出招标公告，制定招标文件，收缴保证金（如需），开标，经专家评议后确定候选单位，确定中标方。

对普通商户的选择，可以灵活采用邀请招标、竞争性磋商、询价等方式引进。如管理方为国有企业，建议由代理机构实施，以避免国有企业领导纪检审计责任。

特别注意，政策要求不允许领导干部指示、暗示、干预采购过程的，坚决杜绝。例如建设工程相关项目。

三、对商户的奖惩措施

为了严明纪律、奖励先进、处罚落后、提高经济效益和社会评价，管理方应对全体入驻商户设置统一的奖惩措施。奖惩原则包括奖惩有据原则、奖惩及时原则、奖惩公开原则和有功必奖、有过必惩的原则。

奖惩有据原则：奖惩的依据应是管理者制定的，内容明确且通过公示程序的管理制度。

奖惩及时原则：为及时鼓励商户贡献和及时纠正商户错误，落实奖惩措施应当及时、到位。

奖惩公开原则：为了使奖惩公正、公平，达到应有的效果，奖励结果公开以激励其他商户，惩罚结果可以适当公开以让其他商户引以为戒。

有功必奖、有过必惩的原则：让纪律性成为习惯，避免商户抱有侥幸心理，敦促商户自查自纠和积极发展。

管理方制定管理制度时，应综合考虑各商户在经营中可能面临的实际困难，坚决不能拍脑袋定制度（难以落实的制度将导致形同虚设）。

四、大文化区的长期建设

大文化区的建设往往不是短期内一蹴而就的，需要至少实施"三年计划"或者"五年计划"。博物馆和管理方在布局大文化区发展时，应就至少五年内的发展规划和目标进行探讨，并且责任到人、年度任务明晰。一般来说，大文化区从规划设计、建设落成到招商、装修需要一年到一年半时间，商户入驻后，人流量会经历引流阶段到平稳阶段。

长期建设目标需要根据各个大文化区实际情况考虑，各自情况差异极大，在此不展开统一讨论。我们仅提醒，大文化区建设应当有让游客能清晰感知到的文化脉络主线，并以此为特色之一。此外，在文化主线之外，能够找到建设特色"锚点"也很重要，否则，大文化区很容易因为千篇一律而快速衰败。

第三节　大文化区／文旅区营销和包装

大文化区的营销和包装，一般由运营企业自行完成或委托第三方完成，不太需要博物馆做什么。博物馆主要要做的，就是在官方线上渠道嵌入大文化区的链接，在博物馆的推文、短视频中插播大文化区的相关内容，以及博物馆活动与大文化区活动统筹安排等。

我们建议博物馆应注意以下几方面问题。

1. 在官方线上渠道嵌入大文化区链接或插播大文化区内容（报道、推文、活动、商品、品牌等）时，线上推广渠道包括微信公众平台、新浪微博平台、百科平台、直播平台、短视频平台等。在技术条件可实现的情况下，可以开辟专栏或专区，并应注明以大文化区官方通知等为准。

2. 博物馆转发大文化区内容时，应注明内容归属及解释权归大文化区，以防被认为构成著作权侵权，可能面临需承担损害赔偿等民事责任。

3. 如果大文化区策划营销活动，博物馆可以一定程度参与，根据实际情况灵活调整。

4. 博物馆举办活动时，可以要求大文化区配合，比如，博物馆举办周年庆活动，大文化区可以推出周年庆巡游活动、周年庆促销活动、周年庆限量纪念活动等。

5. 博物馆虽然可能不是大文化区的管理方，但大文化区毕竟使用了博物馆的品牌，因此也要注意维护品牌形象。要注意监督检查导游、大文化区入驻商户是否有捆绑销售、欺诈消费者的行为，以及是否存在销售假冒伪劣产品，损害消费者利益，被消费者投诉至相关部门，损害大文化区以及博物馆形象的行为。1999 年 6 月 14 日，原国家旅游局组织编制的《旅游区（点）质量等级的划分与评定》正式获得批准并颁布，标志着我国旅游景区开始进行质量等级评定，合格景区将成为 A 级景区。2012 年 5 月 1 日，原国家旅游局印发的《旅游景区质量等级管理办法》开始施行，规定凡在中华人民共和国境内正式开业一年以上的旅游景区，均可申请质量等级。旅游景区质量等级划分为 5 个等级，从低到高依次为 1A、2A、3A、4A、5A。目前，全国共有 3 万多家景区，A 级景区 1 万多家，其中 5A 级景区 250 多家、4A 级景区 2000 多家。而近年来国内一些 A 级景区频频受到旅游监管部门的处罚：限期整改、降级，甚至被直接摘牌。据统计，在 2015 年至 2017 年期间，全国共有 19 家 5A 级景区被原国家旅游局予以警告或严重警告。舆论认为，从严重警告到直接"摘牌"，国家旅游主管部门这几年来的接连出手，不仅传递出加强景区评级规范管理的明确信号，也意味着对 A 级景区实行动态化管理已成为常态，因此注意监督检查大文化区内管理和服务乱象显得尤为重要。

6. 博物馆一旦发现大文化区有侵权产品或违法宣传，应及时告知管理方，由管理方统一出面处理，并且由博物馆积极跟进、监督处理结果。

第四章 文创产业发展的投资和资本化道路

第一节 博物馆对文创产业的投资

一、为什么需要投资

第二章详细说明了文创产业链至少包括了文化赋予、设计、宣传、生产、销售等主要环节，除了文化赋予是博物馆主导完成外，其他环节需要进行营利性市场主体完成。除了寻求合作方以外，博物馆也可以参与其中的部分环节或者全部环节。鉴于国有博物馆是非营利性机构，因此其参与的主要方式是通过股权投资，用所投资公司作为各个环节的执行者。

股权投资的方式，可以起到如下作用。

1. 直接或间接持股，参与产业链相关环节，能够更好地监督或控制该环节。

2. 根据《关于进一步推动文化文物单位文化创意产品开发的若干措施》的规定，博物馆或博物馆下属企业的文创产业经济收入可以用于继续投入文化创意产品开发，也可以实施奖励制度，对符合奖励条件的文化创意产品开发、经营管理人员进行奖励。

3. 博物馆对具有核心竞争力、使用博物馆高标的文创产品，可以通过控制更多产业链环节来保障最终产品的质量和档次。

4. 根据《关于进一步推动文化文物单位文化创意产品开发的若干措施》的规定，"支持试点单位按照相关程序设立企业，鼓励多家试点单位联合与社会资本合作设立企业"，博物馆可以与其他社会资本力量合作投资公司，既能降低博物馆参与该环节的成本，又能借助专业资本力量对规范经营的管理经验，降低投资公司的管理合法合规风险，还能提升博物馆的相关经验。如果投资公司未来发展较好，那么投资公司是有可能走上资本化发展道路（发债、上市等）的，投资公司若能够自设立时起按照资本化要求规范经营，则将大大降低未来资本化难度。

5. 博物馆与实力雄厚的文创企业合作投资公司，可以借助文创企业的发展经验、宣传经验和市场经验，加之博物馆背书作用，能够更快速地打开消费市场。

二、结构设置

关于对外股权投资，我们建议博物馆至少做成双层结构，即博物馆 100% 持股子公司后，将子公司作为对外投资的主体（子公司不直接经营产业项目，主要从事股权投资），由子公司与第三方合作，共同投资设立二级公司，由二级公司作为产业链各个环节的执行主体。基于公司以公司资产承担有限责任的法律规定，以及特定情况下公司股东承担责任的法律规定，采取双层结构，如果在产业链某个环节执行过程中发生纠纷时，二级公司将承担直接责任，子公司作为股东或股东之一在特定情况下可能承担一定的股东责任，博物馆将不会被追究责任。

举例来说，博物馆 A 投资全资子公司 B，B 与某文创企业共同投资设立二级公司 C，C 为网络游戏开发公司，C 开发的某款游戏，以博物馆承载历史背景为游戏故事发生的时代背景，以特定历史人物为游戏角色。D 公司（与博物馆没有关联关系的第三方）与 C 签署独家代理合同，代理了这款游戏的国内运营，后因登录数据不满足合同约定导致 C 对 D 违约。D 起诉追究 C 违约责任。此时，C 如果没有偿付能力，或将导致 C 破产清算。股东没有及时履行破产清算义务的，承担一定过错责任，也就是 B 和合作方文创企业承担一定责任。此时，责任不会追究到博物馆，也就是 B 给博物馆做了防火墙。

三、合作投资的注意事项

大部分博物馆基本没有市场销售的经验，也没有运营管理公司的经验，如果博物馆完全独立运营二级公司（间接 100% 持股），则建议博物馆聘请有相关经验的职业经理人实施运营管理。如果博物馆子公司与第三方合作设立二级公司实施经营活动，则需要注意以下问题。

1. 子公司委托律师、审计调查合作方资信情况。

2. 选择合作方时，注重合作方的发展实力、声誉。

3. 子公司考察合作方对二级公司的价值，以及合作方所能担负的职责，并将这些内容写入投资合同。

4. 由合作方主要负责经营事项和管理事项的，博物馆可以与合作方约定商业对赌条件——对业绩、收益等做保底承诺，达不到条件的，子公司可以退出股权或者由合作方补足收益等。

5. 在合作过程中，合作方和二级公司对博物馆知识产权的使用和保护应明确约定。

6. 子公司通常不直接负责经营二级公司日常经营事务，因此对二级公司财务情况的知情权、查阅权、审计权显得尤为重要，应予以约定。

在文创产业各个环节中由于合作方的地位、角色不同，因此合作投资的各个项目差异巨大。我们在这里只是提示合作投资、合作运营中比较重要的事项。至于具体内容，例如，中如何出资、三会（股东会、董事会、监事会）议事规则等，都需要结合具体项目来探讨，无法在此统一讲述。建议博物馆聘请专业人士辅助完成。

第二节　文化创意项目的融资

一、我国文化创意企业的融资现状和特点

博物馆在发展文创产业时，一方面会和文化创意企业开展业务合作，另一方面也有可能进行股权投资，自行投资或者与第三方合作投资设立文化创意企业。因而，我们在此简单介绍下目前文化创意企业的融资情况。

　　尽管几乎所有外行人、内行人都看好文化创意产业，但这类企业的融资并没有想象中那么容易。

　　首先，银行贷款政策对文化创意企业无法提供有力支持，主要因为银行贷款往往对抵押、质押有硬性标准，多数文化创意企业没有大量固定资产提供抵押，而在对知识产权的评估、抵押/质押权利实现存在很多困难的情况下，往往达不到银行贷款要求。

　　其次，机构投资者对文化创意企业也经常表现出兴趣浓厚但不敢投资（至少是慎重考察、谨慎投资）的态度。主要原因有以下几方面。

　　1. 文化创意企业两极分化，除实力强劲的龙头企业（甚至为上市公司）外，绝大部分是中小规模企业甚至小微企业，规模小在机构投资者眼中往往意味着稳定性较差、市场风险抵抗能力较弱，除非企业由特殊人士（如国际知名设计师）牵头组建或企业有特殊背景（如政府参与投资），否则机构投资者的投资意愿一般不高。

　　2. 文化创意企业主要以自有知识产权为核心资产，而对工业设计、生产工艺等估值存在极大不确定性（主要因为其价值严重依赖市场热度反馈，目前还没有非常科学和普遍适用的估值计算方式），因此，机构投资者即便看好行业，也很难准确判断自己的投资结果，投资回报预期的不确定性将成为其投资该类企业最大的阻碍。

　　3. 文化创意企业的收益严重依赖市场消费行为，从设计、生产、宣传、运输到销售的周期长、回款慢，这样的投资金额大但回报周期长的企业，不容易成为机构投资者眼中的优质投资对象。

4. 我国代理发行权的交易市场不活跃，由于目前还没建立起文化创意产业交易市场，文化创意项目完成后不一定能实现其市场价值，机构投资者对因缺乏市场交易平台导致的交易风险、回款风险一般是比较排斥的。

5. 文化创意企业的收益往往与零售有关，一旦缺乏严密的财务管理，容易发生账目不实问题，在机构投资者眼中属于较大风险。

6. 知识产权的市场价值波动较大，在财务报表上难以明确体现，给机构投资者的债权保障措施增加很大困难。

7. 以知识产权方式融资，机构投资者在投资以后，对知识产权管理的专业能力一般比较欠缺，以相关知识产权为基础开发出来的产品市场价值不确定性较强。

8. 即便能够对知识产权评估和实现抵押/质押，机构投资者在实现抵押权/质押权而取得知识产权后，也存在很大问题，机构投资者一般不具有对相关知识产权的后续开发和维护能力，如果由企业继续开发和维护，则又可能造成机构投资者权利实际上被架空、被侵犯。

最后，公开发行股票、企业债券等直接融资方式也存在较大困难，直接融资方式的管理十分严格，准入条件较为严苛，大部分文化创意企业由于规模小、知名度不高、信用等级达不到要求，不能满足在资本市场筹资的资格和条件。

综上所述，博物馆如果想要对外投资设立文化创意企业，建议在设立之初就选择资金实力雄厚、长期发展稳定性较好、管理理念和制度成熟的第三方（企业，不建议自然人）来共同投资设立，从而降低所投资的文化创意企业未来"烂尾"的风险。

二、国际文化创意产业投融资方式

（一）美国

在美国，以市场为导向的私人金融机构是文化创意的重要融资来源，政府没有专门用于文化创意事业发展的融资计划，绝大多数是由小型企业管理局（SBA）为中小型企业提供担保。其所需要的资金由联邦政府提供，担保金额能达到融资金额的90%，由小型企业管理局代理美国联邦政府为中小型企业从商业银行获得贷款。

在美国，融资担保主要由面向市场的媒介机构主导，主要是因为美国巨大的市场需求使得一些无形资产产业对融资和融资保证的需求巨大，而发达的媒介融资和融资担保业已逐步形成。在开发过程中，与融资担保有关的电影完片担保在发展中也逐渐形成。近年来，美国市场开始关注到文化创意和游戏软件产业，多家媒介公司已经开始对游戏软件产业做完工担保，并开始创造一个新的产业机会。

（二）日本

日本政府采用多元化的投资机制，即政府推动，并大力鼓励民间资本和境外资金一起投入推动文化创意产业发展。1990年，日本鼓励政府和民间共同出资（其中政府出资500亿日元，民间赞助112亿日元），成立"振兴文化艺术基金"和"企业艺术文化后援协议会"，当前在日本大型文化活动的举办多依赖于企业、公司的投资和资金赞助。以前，日本通常是由政府设立的信用保证协会和产业基盘整备基金来提供融资保证，尤其是产业基盘整备基金对投资新兴科技的企业扶持很大。信用担保协会下属的信用担保公司能够从信用保险公库中获得资金以保障中小企业偿还贷款。日本政府投资的银行和其他金融机构对前端产业，包括文化创意产业提供投资或特别贷款。

近年来，民间金融机构也开始发展用无形资产做担保的融资，同时将无形资产在资本市场进行资产证券化，为无形资产开发从业者筹集资金。

（三）韩国

韩国能走出 1997 年亚洲金融风暴，文化创意产业功不可没，尤其网络电玩产业的崛起，极速推进了国民经济的增长。韩国政府为实施文化发展战略，早在 1994 年就成立了主管文化创意产业的"文化产业局"，并建立了文化产业发展的管理体制和运行机制。

韩国政府为了发展新兴产业，主要以政府资源设立各种融资机构为文化产业进行投资或融资。在韩国无形资产开发从业者所发行的公司债券已逐渐为市场所接受。与其他国家相比，韩国的融资保证机制最为完整，提供服务最多。

譬如，韩国的技术信用保证基金（KOTEC）对无形资产做抵押而发行的抵押债券证券提供信用保证，能够满足产业发展的多种需求，包括融资、融资保证、技术评价、无形资产产权交易服务以及知识产权管理服务等。

第五章 文创产业发展常见纠纷处理

第一节 文创产品设计、生产环节常见纠纷

一、数据检索与分析

（一）案件类型分布

借助专业信息库检索可知，截至 2020 年，与文创产业设计、生产环节密切相关的公开案例共计 2334 件，包括民事纠纷 1364 件（占比 58.44%）和行政纠纷 970 件（占比 41.56%）。

在民事纠纷中，合同、无因管理、不当得利纠纷 355 件（占比 26.05%），人格侵权纠纷 135 件（占比 9.90%），知识产权与竞争纠纷 817 件（占比 59.88%），劳动争议、人事争议 15 件（占比 1.10%），与公司、证券、保险、票据等有关的民事纠纷 10 件（占比 0.73%），侵权责任纠纷 32 件（占比 2.34%）。

在行政纠纷中，主要包括行政管理范围的两方面：工商行政管理（工商）计 346 件，占比 35.64%；商标行政管理（商标）计 624 件，占比 64.36%。

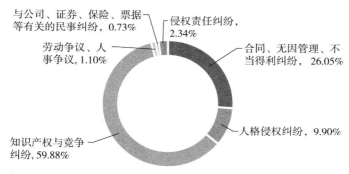

民事纠纷

与公司、证券、保险、票据等有关的民事纠纷，0.73%

侵权责任纠纷，2.34%

劳动争议、人事争议，1.10%

合同、无因管理、不当得利纠纷，26.05%

知识产权与竞争纠纷，59.88%

人格侵权纠纷，9.90%

行政纠纷

工商行政管理，35.64%

商标行政管理，64.36%

图 5-1-1　文创产业案件类型分布图

（二）近年案件数量发展趋势

随着文创产业发展和法律意识、维权意识提升，近年来案件数量持续增长。自 2005 年至 2015 年，设计纠纷案件数量计935 件，而 2016 年至 2020 年，设计纠纷案件达 4687 件。近四年半的案件数量是过去十年案件数量的 5 倍。

（三）案件地域分布与审理法院

案件发生主要集中在北上广地区。截至 2020 年，文创产业有关设计、生产的案件数量，北京位列第一，达到 711 件，占全国总数的 30.47%；其次是上海，案件数量 107 件，占比4.6%；四川案件数量 103 件，占比 4.42%；广州案件数量 87 件，占比 3.72%。总体而言，越是经济发达且对知识产权保护比较重视的地区，越容易发生此类纠纷。

二、重点关注的纠纷事项

（一）人格权纠纷

1. 肖像权纠纷

★**聚焦问题**：将艺人在影视作品中的剧照等用于衍生品开发，是否会侵犯其肖像权？

参考案例：〔2018〕京 0105 民初 44608 号肖像权纠纷案

关注要点：

（1）含有肖像的作品（如电影海报、剧照等），同时包括两重权利：一是作品的创作主体人所享有的智慧成果属性的著作权，另一方面是肖像人基于自身外形特质和人格尊严享有的精神性人格利益的专属权，二者之间不存在吸收或替代关系。**因此，文创设计如果产生的是包含肖像的作品，要特别注意，对著作权归属的合同约定，并不能直接导致肖像权利的自动丧失和放弃，肖像权人仍有权利对肖像利用的合法性问题提出主张。**

（2）文创设计中如果使用肖像，要**注意取得肖像权人的使用许可，并注意许可期限、许可范围**。许可范围尽量避免模糊处理。

2. 名誉权纠纷

★**聚焦问题**：画册内容不实构成对他人名誉权的侵犯，博物馆作为发行方，是否应当承担责任？

参考案例：〔2016〕苏 05 民终 7170 号名誉权纠纷

关注要点：博物馆编纂发行的画册，应对画册内容认真履行审查职责。 否则，如果画册内容侵犯他人名誉权，则博物馆很可能因为疏于审查，对侵权作品在公开发行的画册中登载、在社会上扩散负有过错，而承担侵权责任。

（二）合同类纠纷

1. 承揽合同纠纷

★**聚焦问题：仿制工艺品的承揽合同是否有效？**

参考案例：〔2013〕宜民初字第 90 号承揽合同纠纷

关注要点：依据《中华人民共和国文物保护法实施条例》 第三十二条"修复、复制、拓印馆藏二级文物和馆藏三级文物的，应当报省、自治区、直辖市人民政府文物行政主管部门批准；修复、复制、拓印馆藏一级文物的，应当经省、自治区、直辖市人民政府文物行政主管部门审核后报国务院文物行政主管部门批准"，**若企业能够提供仿制文物已经经过文物局以及博物馆等部门审批，且无其他无效条款的情形，合同即是双方真实意思表示，合法有效。**

（三）知识产权与竞争类纠纷

1. 著作权纠纷

★**聚焦问题：通过平面绘画的方式表达建筑设计等场景是否构成美术作品？著作权人如何判断？**

参考案例：〔2019〕浙 07 民初 440 号侵害作品复制权、发行权纠纷

关注要点：

（1）通过平面绘画的方式表达相关场景，**在表达主题、构成元素的选择以及色彩渲染、排版布局等方面体现出了一定的**

独创性，作品具有艺术美感，且能以有形形式进行复制，故属于我国著作权法所规定的美术作品，应受法律保护。

（2）提供著作权的**底稿、原件、合法出版物、著作权登记证书、认证机构出具的证明、取得权利的合同等，**可以作为确定著作权人的证据。在作品或者制品上署名的自然人、法人或者其他组织视为著作权、与著作权有关权益的权利人，但有相反证明的除外。

★**聚焦问题：**在著作权侵权案件中，能否以具有合法来源进行抗辩？

参考案例：〔2018〕粤19民终11404号著作权权属、侵权纠纷

关注要点：《著作权法》中关于合理来源的规定只适用于特殊主体，即复制品的出版者、制作者、发行者及出租者，**免责的行为仅限于出版、制作、发行以及出租，免责的条件是这些特殊主体能证明相关复制品有合法来源，其他主体不能以合理来源进行抗辩，**因此，他人在使用作品过程中一定要注意来源审查。

2. **商标权侵权纠纷**

★**聚焦问题：**非商标性使用是否构成商标权侵权？

参考案例：〔2019〕京0101民初21508号侵害商标权纠纷

关注要点：《中华人民共和国商标法》第四十八条规定："商标的使用，是指将商标用于商品、商品包装或者容器以及商品交易文书上，或者将商标用于广告宣传、展览以及其他商业活动中，用于识别商品来源的行为。"商标专用权不能禁止非商标意义上的使用。**在一些情况下，他人可以对注册商标的**

一些要素进行正当使用，若用于描述商品的造型特征及设计来源，而非识别商品的来源，不属于商标性的使用行为，不构成商标权侵权。

三、纠纷预防及维权处理建议

（一）人格权纠纷预防应保证相应权利取得合法授权

避免人格权纠纷的要点在于明确经过许可使用对方肖像，在直接授权的情形下，应当在合同中明确约定授权的具体用途，细化使用行为。若为间接授权，则应当考察被授权人授权的真实性。

（二）合同纠纷预防应提前明确条款内容与责任归属

1. 合同效力应当注重双方当事人的意思表示真实，合同内容不违反法律规定，均为合法有效。

2. 合同中表明产品的检验标准和验收程序，履行过程及时按照法定程序或者行业要求进行质量检测。

3. 明细合同的违约责任，明确约定违约金条款或其他违约责任的承担。

（三）知识产权权属、侵权纠纷避免应确认知识产权权利主体以及保证使用过程中的授权规范

1. 追踪待用作品的来源和权限。为避免产生著作权权属纠纷，应当明确作品的来源和权限，保证作品具有独创性或者取得著作权人的同意。

2. 大幅度降低同类产品的商标相似度。为避免商标侵权，应当在文字、图形、颜色组合、立体等方面大幅度降低同类产品的相似度。

3. 当出现知识产权权属、侵权纠纷时，应当提供能够有力证明自己作品的独创性、所有权、差异性、市场背景等的证据。

第二节　文创产品运输与仓储环节常见纠纷

文创产品在运输与仓储中的承运人、保管人通常由博物馆合作方进行选择，完成产品运输与仓储工作，因博物馆并非这一环节的直接参与人，笔者在此不再赘述。

第三节　文创产品宣传、销售环节常见纠纷

一、数据检索及分析

（一）案件类型分布

借助威科先行、无讼以及中国裁判文书网等专业法律信息库检索系统，以"博物馆""文创产品""创意产品""文化产品""产品"等为关键词进行检索，截至 2020 年，相关程度较高的宣传环节案例共计 1184 件。其中民事纠纷共 925 件，占比 78.1%；行政纠纷共 259 件，占比 21.9%。

截至 2020 年，在民事纠纷中，合同、无因管理、不当得利纠纷共计 445 件，占比 48.10%；知识产权与竞争纠纷计 312 件，占比 33.73%；劳动争议、人事争议计 10 件，占比 1.08%；

与公司、证券、保险、票据等有关的民事纠纷计 12 件，占比 1.3%；侵权责任纠纷计 103 件，占比 11.14%；其他纠纷 43 件，占比 4.65%。

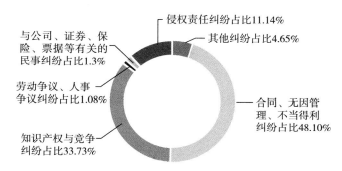

图 5-3-1　文创产品民事纠纷案件占比情况

（二）近年案件数量发展趋势

近年来文创产品设计、生产纠纷案件数量持续增长。自 2001 年至 2015 年，宣传纠纷案件数量共计 386 件，而 2016 年至 2020 年，宣传纠纷案件达 1042 件。近四年半是过去十年案件数量的 2 倍多。

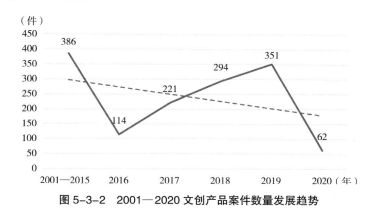

图 5-3-2　2001—2020 文创产品案件数量发展趋势

（特别说明：2020 年数据为截至 2020 年 1 月检索时数据，并非全年数据。）

（三）案件地域分布与审理法院

案件发生地主要集中在北京、安徽、广东地区，其他省份案件数量较少。截至 2020 年，就北京而言，文创产业有关宣传的案件数量达到 373 件，占案件总数的 26.18%；其次是安徽，案件数量达到 116 件，占总数的 8.14%；广东案件数量 104 件，占总数的 7.30%；除此之外，浙江、湖南的案件数量同样居多，均为 79 件，占比 5.54%。

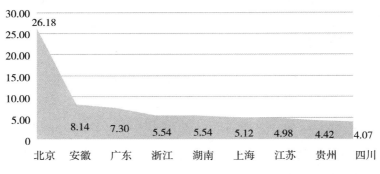

图 5-3-3　文创产品案件主要发生地域分布情况（单位：%）

二、重点关注的纠纷事项

（一）人格权纠纷

1. 肖像权纠纷

★聚焦问题："取得授权"后在产品宣传推广过程中使用艺人肖像，仍认定侵犯肖像权吗？

参考案例：〔2018〕京 0106 民初 6906 号肖像权纠纷

关注要点：

（1）艺人肖像具有商业使用价值，未经其本人同意，不得以营利为目的使用其肖像。

（2）**公司在购买一人的照片时，应对照片的来源、权属等事项尽审慎注意义务，**若未尽审慎注意义务，放任侵权照片对外投放使用，即对侵权结果的发生存在过错，侵犯艺人的肖像权。

2. 名誉权纠纷

★**聚焦问题：**网络文章对产品进行测评，是否会侵犯产品所有权人的名誉权？

参考案例：〔2019〕粤 0192 民初 23443 号名誉权纠纷

关注要点：微信公众号等自媒体有正当行使言论自由、评测建议等合法权利的自由，**但任何自由都有界限，做出的评测建议也应保持中立性，不应损害其他权利人的合法权益。**文章是否构成侵权一般从分析涉案文章的测评内容、篇幅内容重点、文章结尾对比推荐以及文章对消费者购买意向产生实质影响几方面进行认定。

（二）买卖合同纠纷

★**聚焦问题：**出于收藏目的购买纪念品是否属于消费者？

参考案例：〔2017〕沪 0106 民初 4570 号买卖合同纠纷

关注要点：为满足生活需要而购买、使用商品和服务的社会成员为消费者。**若基于大众收藏，注重商品的文化内涵，提升收藏价值，并非出于一般的生活消费需要，不是"为生活消费需要"而购买商品的，不构成"消法"意义上的消费者。**

（特别说明：购买纪念品在案由类别中属于买卖合同，因此本案属于买卖合同纠纷项。）

（三）著作权侵权纠纷

★**聚焦问题：**制作产品宣传广告片并播放，广告片中使用未经许可的视频片段是否侵犯其著作权？侵权责任应当由哪几方主体承担？

参考案例：〔2015〕昆知民初字第 543 号侵害其他著作财产权纠纷

关注要点：广告制作公司在广告片制作过程中，**从网络上下载相关视频资料，未尽到合理的审查义务，未经著作权人许可，使用了著作权人享有著作权的视频片段用于商业广告，构成侵权**。视频播放公司未经著作权人许可播放他人侵权作品，亦构成侵权，共同侵犯了著作权人的复制权和放映权，应承担连带的侵权责任。

三、纠纷预防及维权处理建议

（一）肖像权纠纷

使用他人肖像进行商业宣传时应当确保经过肖像权人的许可，对照片的来源、权属以及授权许可等事项尽审慎注意义务。

（二）名誉权纠纷

应当及时关注市场中的产品评价信息，做好舆论监控工作，及时发现并解决负面舆论信息。对于虚构事实进行评价使消费者对产品的购买意向产生不良实质影响的，应当及时沟通删除不当信息并追究侵权人的法律责任。

（三）著作权纠纷

梳理博物馆享有著作权的馆藏资源，加强信息时代博物馆数字资源的保护研究，各博物馆应当在知识产权管理的框架内，运用著作权、商标权等法律赋予的权利，保障自身合法权益。

（四）商标权侵权及不正当竞争纠纷

1. 重要标识应当及时申请注册商标成为商标专有权人。

2. 商标对外进行授权使用时，应当提前通过书面协议明确商标使用的范围、期限、使用方式等内容。

3. 在博物馆、文创公司内部建立完善的授权管理体系，及时跟进对外授权情况，避免交叉授权、多主体授权而产生商标权纠纷。

4. 重点关注可能发生他人未经许可使用相同或近似商标权的领域，关注线上、线下文创产品销售渠道及宣传平台，尽早发现并及时解决可能发生的侵权纠纷。

第四节　与文旅区等公共场所安全保障相关的纠纷

一、数据检索及分析

通过检索专业数据库发现，从 2012 年至 2020 年，在博物馆、艺术馆都有发生与公共场合安全保障相关的纠纷，且数量无明显增长或下降趋势，2016 年、2017 年及 2019 年相对较多。

从案件类型看，相关纠纷都为民事案件，不涉及行政或刑事领域。其中，涉及的主要案由有生命权、健康权、身体权纠纷，公共场所管理人责任纠纷以及违反安全保障义务责任纠纷，其中生命权、健康权、身体权纠纷有 10 例，违反安全保障义务责任纠纷、公共场所管理人责任纠纷共 14 例。

二、重点关注的纠纷事项

★**聚焦问题**：游客因参与其他经营主体活动进入文化旅游景区内受伤，责任承担主体如何确定？

参考案例：〔2015〕成郫民初字第739号违反安全保障义务责任纠纷

关注要点：若游客因为其他经营主体的过错造成损伤，该损害后果与其他经营主体具有直接因果关系的，应由经营主体承担损害后果，博物馆没有过错的，不应当承担侵权责任。

★**聚焦问题**：游客在博物馆等文化旅游景区公共场所受伤，景区是否应当承担责任？

参考案例：〔2016〕京0114民初10998号生命权、健康权、身体权纠纷，〔2018〕川0107民初2075号公共场所管理人责任纠纷

关注要点：该类案件的审查要点在于博物馆是否尽到了合理限度范围内的安全保障义务以及游客自身是否具有过错。一般情形下，若博物馆进行了文明旅游的文字提示，在馆内可能存在一定安全隐患的地点设置了安全警示标志等，能够认为其尽到了合理限度范围内的安全保障义务；另外，游客及其监护人是否尽到合理的注意义务或者看护义务，是考察其自身是否具有过错的重要方面。

三、纠纷预防及维权处理建议

1. 博物馆等文化旅游景区应当严格其对区内商贩及长期经营场所的管理，提高准入标准，制定一整套完善的安全规范及

评分标准，并且充分贯彻落实。

2. 对于临时或非固定经营主体进入文化旅游景区内开展活动的行为采用报批报审机制，提前审查并评估活动的安全风险，提高经营主体的安全保障意识。

3. 文化旅游景区应当加强区域内公共场所的管理，设立相应的宣传栏等提示游客文明、安全旅游，并在一切可能发生危险的区域设立醒目的警示牌，并将安全保障责任落实到具体责任人。

第五节　实现博物馆、商户和消费者之间的利益平衡

在整个博物馆文创产业链中，博物馆重点关注的在于馆藏资源开发与博物馆影响力两方面，商户更加侧重于实现其经济利益，而消费者最终关心的是产品的文化价值与经济价值，三方利益实现平衡恰恰是博物馆文创产业健康发展的有力体现。

博物馆文创产业的发展，终究绕不过"创意"二字，创意的提出、开发、利用以及保护贯穿整个发展流程，产品的文化价值与经济价值，产业参与主体的经济利益以及产品带来的社会传播力、影响力等都借此实现。因此，博物馆文创产业各主体参与整个产业的发展，都应以"创意"为出发点和落脚点，以此实现微观状态下的平衡。

附 录 常用合同高频条款

　　前文系站在博物馆角度给其发展文创产业做出分析和提出建议。最后，为便利读者，我们结合实务经验，向读者提供有关博物馆文创产业的常用合同高频条款并做以注释，读者可灵活参考使用。

　　以下条款中，甲方是博物馆下属公司，乙方是合作方。

一、通用条款

（一）合同首部

甲方 / 乙方：＿＿＿＿＿＿＿＿＿＿＿＿＿＿＿＿＿＿

统一社会信用代码：＿＿＿＿＿＿＿＿＿＿＿＿＿＿＿

住所 / 现办公地址：＿＿＿＿＿＿＿＿＿＿＿＿＿＿＿

法定代表人：＿＿＿＿＿＿＿＿＿＿＿＿＿＿＿＿＿＿

指定代理人 / 指定联系人：＿＿＿＿＿＿＿＿＿＿＿＿

联系电话：＿＿＿＿＿＿＿＿＿＿＿＿＿＿＿＿＿＿＿

电子邮箱：＿＿＿＿＿＿＿＿＿＿＿＿＿＿＿＿＿＿＿

传真：＿＿＿＿＿＿＿＿＿＿＿＿＿＿＿＿＿＿＿＿＿

　　【注释】名称处书写全称，博物馆注意对合作方进行身份审查，要求其提供营业执照副本复印件，名称、代码、法定代表人、住所应与营业执照所载一致；住所指公司在市场监督管理部门登记注册的地址，对实际办公地与住所不一致的，准确填写现办公地址，以便发生纠纷时现办公地址可以作为法院管辖地；指定代理人不是法定代表人的，应当写明指定代理人，以证实在双方往来过程中，指定代理人的言行对该缔约方形成约束力，如果指定的是联系人，则仅用于证实双方有过沟通的事实、通知送达的事实，联系人做出的承诺并不当然约束该方；联系电话、电子邮箱、传真或其他联系方式，应根据双方采取何种方式沟通、通知来决定，填写明确会便于在纠纷发生时证明有过沟通的事实、通知送达的事实。

（二）保密条款

1. 本合同价款等内容属于甲方商业秘密，乙方应予以保密；甲方向乙方提供的信息、资料、元素等，除公开途径可获悉的以及甲方特别声明无须保密的以外，均属于乙方应予以保密的范围。以下统称保密内容。

上述信息、资料、元素，包括但不限于甲方所属博物馆的馆藏资源，甲方和甲方所属博物馆享有权利的非公开作品，合作过程中新产生的对甲方有重大经济利益影响的非公开信息和资料，以及甲方基于与第三方权利人协议所取得并为实现本合同目的而提供给乙方参考、使用的信息、资料、元素等。

2. 乙方除履行本合同之目的外，擅自向第三方泄露、透露、公开、公布保密内容或以其他方式违反保密义务的，应向甲方承担违约金人民币_____元整；如违约金不足以弥补甲方损失，则乙方继续承担损害赔偿责任。

3. 保密义务持续有效，不因本合同终止而终止。

【注释】根据合同内容可调整保密内容的范畴；签署合作意向书、框架协议、涉及商业秘密等不适宜公开的合同内容本身，也可纳入保密范围；因泄密导致的经济损失在实务中经常发生难以举证证明具体金额的情况，因而建议直接约定定额违约金，尽管法律规定违约金过分高于实际损失时法院有权酌情调整，但约定的违约金仍可作为参考基数，在损失虽不能准确定量但没有显著过高时，法院未必会进行调整，有可能遵照双方契约约定裁判。

（三）客观情况免责条款

1. 如发生不可抗力导致乙方无法依约履行义务的，乙方向甲方提交两份书面的情况说明（一份用于甲方向博物馆上报，一份甲方留档），甲方应予以理解；直至不可抗力消除，或者风险降低至不影响／不应影响乙方经营时（在此期间乙方依法免责），甲方书面通知乙方恢复履行义务，必要时报博物馆批准可给予乙方合理的履行宽限期（宽限期内甲方免除乙方相关的逾期违约责任，下同）。

遭受不可抗力的一方应及时采取措施以避免损失扩大，否则就扩大部分损失，不能免除其责任。

2. 如发生双方缔约和履行过程都不能预见，且乙方难以避免或克服的其他公共事件导致乙方违约或面临违约的，乙方可以向甲方提交书面说明，甲方认为其理由充足的，上报博物馆研究，经博物馆批准，可以给予履行宽限期。

乙方采取避免、克服公共事件影响的措施将使乙方承担远超其履约所得、违约责任，甚至迫使乙方面临破产风险的，均属于上述"乙方难以避免或克服"的情况。

市场环境恶化，乙方自身的资金压力、决策僵局等，均不属于上述"乙方难以避免或克服"的情况。

乙方（含乙方员工、临聘人员）引起的公共事件，不属于乙方不能预见，也不属于上述可给予履行宽限期的公共事件。

3. 如不可抗力或第 2 条约定公共事件非常严重，导致本合同无法继续履行的，双方可协议解除并妥善处理后续遗留问题；如事件发生后 30 日内，双方既未能就解除事宜达成一致，也未能就变更履行事宜达成一致，则自事件发生后第 31 日起任一方均有权单方解除本合同，行使解除权后双方依约和依法承担后续责任。

【注释】在发生不可抗力，或者虽不属于不可抗力但有显著合理原因、双方应予以互相理解的客观情况时，适用客观情况免责条款；上述条款是假设乙方为主要义务履行方所做，当甲方同样为主要义务履行方，且该等履行义务有可能受到客观情况影响时，则应同等给予甲方免责；单方解除权在实际行使过程中，可能面临实务问题，但建议在合同中赋予该权利，尽量避免合同长期处于待履行、不履行状态。

（四）履约保证金条款

1. 为保证_____，乙方应在合同签订后五个工作日内向甲方支付履约保证金人民币_____元整（￥_____）。甲方收到履约保证金向乙方开具加盖甲方财务印章的收款收据。

2. 履约保证金以银行转账方式支付至甲方如下账户：

开户名：_____

开户行：_____

账　号：_____

3. 履约保证金主要用于敦促乙方履行合同义务。乙方违约的，乙方侵犯甲方权利导致甲方损失的，乙方侵权导致第三方向甲方追索致使甲方损失的，以及合同约定或法律规定的乙方向甲方承担违约责任和损害赔偿责任的其他情形发生的，甲方有权向乙方主张相关责任，甲方也有权直接从履约保证金中等额扣除。

甲方采取扣除履约保证金方式的，应向乙方发出书面补缴通知，告知扣除事由、扣除金额、乙方补足履约保证金的合理期限（原则上为自乙方收到通知之日起 10 天内，具体以甲方书面通知所载为准）等相关事项。

4. 乙方在收到通知后有异议的，应在 3 天内向甲方提出；逾期未提出的，视为无异议。

5. 乙方应在收到通知后、甲方指定的合理期限内补足履约保证金；乙方提出异议，双方就异议部分进行磋商并达成一致的，应在达成一致后 5 天内支付；乙方提出异议但双方长期不能磋商达成一致的，乙方最迟在甲方首次发出补缴通知后 30 天内补足履约保证金。

6. 乙方补足履约保证金逾期满 60 天的，或逾期金额超过 10 万元且逾期满 30 天的，甲方有权单方解除本合同、终止双方合作关系，履约保证金不予退还，且甲方损失超过届时的履约保证金金额的，甲方有权要求乙方继续承担损害赔偿责任。

7. 如发生合同第 × 条约定的严重违约情形，则甲方有权单方解除合同、终止双方合作关系，履约保证金不予退还，且甲方损失超过届时的履约保证金金额的，甲方有权要求乙方继续承担损害赔偿责任。

8. 双方诚信履行本合同，合作圆满终止的，甲方应在合作终止后 10 天内退还履约保证金，或双方约定一致时可直接与乙方最后一期应付甲方款项等额冲抵。

9. 双方同意，履约保证金在扣除、冲抵、退还时均不计息。

【注释】履约保证金在各个合同中需要灵活应用，特别注意履约保证金、违约金、损害赔偿责任的衔接，不同的衔接方式对乙方的警戒程度、严格程度是不同的。

（五）合作方形象约束条款

1. 双方（含双方员工、临聘人员）在合作期间应积极维护自身形象与声誉，禁止做出任何违背公序良俗、破坏国家统一、破坏国家主权和领土完整、破坏党民团结、宣扬邪教、煽动民族歧视等言行。

否则，如违约方引起公众负面舆论或官方点名批评，则另一方有权单方解除合同、终止双方合作关系。违约方承担另一方因此产生的全部损失。

2. 上述违约方已经事先采取了规范其员工、临聘人员行为的措施，但后者仍做出上述不当言行的，违约方应对该人员采取警告、辞退、报警等措施并告知另一方。如已经引起负面舆论，则违约方应及时向社会公开调查结果、处理结果，积极声明其正确立场并向社会公众正面致歉。在未对、不会对另一方造成严重负面影响的前提下，另一方可以（不必须）选择继续合作。

3. 上述违约方没能采取积极有效的危机公关措施时，另一方有权采取危机公关措施，违约方应予以的配合，且因此产生的费用由违约方承担。

【注释】近年来诸如"某某辱华事件"时不时发生，博物馆应特别注意，约定此条款。若合作方突发此类事件，博物馆可以依约终止合作，从而避免违约解除承担责任。

（六）通知条款

1. 甲乙双方应按照合同首部约定的联系方式向对方发送通知。

2. 书面通知除有证据证明送达对方外，按如下方式视为送达。

（1）短信、微信发送后满 24 小时。

（2）电子邮件、传真发送后的第一个工作日。

（3）境内的快递、特快专递发送后第五个工作日，境外的快递发送后第二十个工作日。

（4）在被通知一方的办公 / 经营场所张贴公告后的第一个工作日。

3. 一方变更联系方式应提前或及时书面通知对方，否则自行承担不利后果。

【注释】实际履行中可能发生 UU 跑腿等方式发送通知，但因此方式变数太多，不建议以此作为视为送达的情形，建议要么追加短信、微信来确认通知送达，要么以其他方式发通知。

（七）争议解决条款

甲乙双方因本合同内容或履行而产生纠纷，由双方协商解决；争议发生后 30 日仍未协商一致的，任一方有权：

1. 向_____所在地有管辖权的人民法院起诉。

2. 向_____仲裁委员会提起仲裁，仲裁适用_____仲裁规则和_____法律。

【注释】管辖只能在法院、仲裁机构中二选一，法院审理的时间一般较长但费用较低，仲裁机构审理的时间一般较短但费用较高；相对平均来看，法院的民商合一思维较重，仲裁机构的商事思维较重，所以对商业特征（不强调公平，而强调效率、契约自由等）明显、违约金约定极高的合同，目前大多选择仲裁机构管辖；法院一般约定为某一缔约方所在地、主要义务履行地；仲裁机构必须填写准确的机构名称，否则可能导致仲裁条款无效；仲裁可以选择适用何种仲裁规则和适用什么法律规定，对境内合作而言，一般适用中国准据法和实体法。

（八）附则条款

1. 本合同自甲乙双方加盖公章或合同章，且法定代表人或指定代理人签字时起生效。

2. 本合同未尽事宜，甲乙双方可协商一致签订补充协议。

双方根据履行情况可书面补充约定变更履行，但本合同第×条约定为双方合作基础，为绝对不可变更的约定，如乙方要求变更，则甲方有权单方解除双方合作关系及一并解除所有相关协议，不利后果由要求变更方承担。

3. 合同一式____份，甲方执____份，乙方执____份，每份具有同等法律效力。

（以下无正文）

【注释】第2条第二款在大多数合同中是不需要写的，但在博物馆与合作方开展合作有前提条件、附加条件时，可将该等条件约定为绝对不可变更，并附加博物馆的单方解除权，从而避免合作方为促成合作先假意答应又在履行中拖延履行、逼迫博物馆放弃或在事实上放弃该等条件，使博物馆极为被动；实务中已经发现有合同套打的情况，建议在合同条款最后加上"以下无正文"的表述。

（九）落款

甲／乙方（盖章）：＿＿＿＿＿＿＿＿＿＿＿＿

法定代表人或指定代理人（签字）：＿＿＿＿＿＿

日期：＿＿＿年＿＿＿月＿＿＿日

【注释】合同没有特别约定的，盖章处应加盖公章或合同章；指定代理人签字的，应将该方对代理人的授权代理书（也可能叫授权委托书、委托代理书）作为合同附件，授权代理书必须加盖公章和／或有防伪码的法定代表人印章。

二、知识产权条款

（一）著作权归属和行使条款

1. 甲方为履行合同向乙方提供的博物馆 IP，仅用于乙方履行合作目的之用。

2. 如甲方系将博物馆 IP 作为设计元素提供给乙方使用的，乙方应使用通过艺术设计加工后产生的新作品，乙方无权在产品中直接使用博物馆 IP 原形象。

基于博物馆专业人员专业知识，甲方（和博物馆）有权对新的作品提出修改建议。

乙方应在新的作品设计图完成后和样品完成后，提交甲方审核。甲方无异议或乙方按照甲方建议修改完成后，甲方方可对该新作品的相关产品出具具体的授权许可（如需），乙方方可投产上市。

3. 如乙方拟不经艺术设计加工而直接使用博物馆 IP 原形象的，应事先取得甲方许可，原形象已注册商标的，应取得商标使用许可。

4. 新的作品著作权归属为：署名权归作者本人；修改权和保护作品完整权归_____；发表权归_____，为实现合作目的，应在行使发表权前取得甲方（和博物馆）审批同意；其他著作权归_____。

5. 博物馆审批同意发表新的作品的前提包括但不限于作品形象没有丑化博物馆 IP、没有违反公序良俗等。

【注释】博物馆与合作方会有大量不同类别的涉及知识产权的合同，需要调整表述，但最重要的应把握两点：一是著作权各项权利归属约定明确，如果涉及共有的，则还要追加表述共有权利行使方式，以便在履行时有据可依；二是对新的作品、产品的形象有一个把控的环节（不论是审查还是建议），防止博物馆 IP 被不合时宜地使用，这里会有适度的问题，博物馆往往不如文创企业更熟悉市场消费习惯和消费者喜好，因此，博物馆的审查或建议应适度。

（二）应用范围条款

1. 甲乙双方约定，新的作品可应用于如下类别产品：_____。

2. 甲乙双方约定，产品不得应用于涉及食品安全问题的领域。

3. 甲乙双方约定，产品如涉及婴幼儿用户群体应事先报告甲方，向甲方提供该产品的全套合格文件、产品使用说明、产品安全防护设计和说明文件等。

【注释】博物馆对外授权时对产品范围可以做出一定限制。

对高危行业的产品应特别谨慎；对可能存在风险的产品，例如可能致敏的护肤品、婴幼儿玩具等，应在选择正规大牌合作方的前提下仔细审查，尤其是对同时授予合作方商标使用权的。

（三）博物馆受让著作权条款

（博物馆/下属公司受让第三方的著作权合同，一般博物馆/下属公司为合同乙方，在本书中，为避免上下文甲乙方的歧义，该部分用转让方指代原权利人，用受让方指代博物馆/下属公司。）

1. 转让方向受让方转让著作权的作品包括：

作品名称	著作权取得方式	是否已登记	是否共有权人
注：著作权取得方式如非原始取得，请提供相关著作权继受取得的证明文件作为合同附件。			

2. 转让方承诺，其转让作品著作权权属清晰明确，若存在权属不明、权利瑕疵的，转让方应按合同约定著作权转让价款的 50% 向受让方支付违约金，还应赔偿受让方因此产生的一切损失。

3. 转让方承诺，作品不包含违背公序良俗的信息、内容，也不包含破坏国家统一、破坏国家主权和领土完整、破坏党民团结、宣扬邪教、煽动民族歧视等违法的信息、内容。

4. 转让的著作权包括复制权、发行权、出租权、展览权、放映权、信息网络传播权、摄制权、改编权、翻译权、汇编权。

5. 截至合同签订时，转让方尚未行使发表权，其承诺：为实现合同目的，乙方行使发表权应事先征得甲方同意。

6. 受让方受让著作权，应限于在<u>中国境内（大陆及港澳台地区）</u>区域范围内行使。

7. 本合同生效后 10 日内，转让方应向受让方提供作品，包括但不限于作品的纸质文稿、电子文稿、作者简介、内容简介、已有封皮封面设计、已有出版物等载体。提供作品不完整的，视为转让方违约。

8. 若作品已在著作权监管机构登记的，转让方应向受让方提供作品的作品登记证书等文件证明其为作品的著作权人。若转让方的作品未在著作权监管机构登记的，应向受让方提供一切合法有效的能证明其为作品著作权人的证明文件。

9. 如受让方需要，转让方应协助受让方向著作权行政管理部门申请备案，完成《著作权转让合同备案证书》。

【注释】博物馆受让著作权，应事先核实著作权权利状态，确保转让方有权转让且不违反其在先约定；著作权转让最重要的是转让的具体权利要明确。

（四）商标许可条款

1. 本合同项下约定许可使用的商标，主要信息如下：

商标名称：＿＿＿＿＿＿＿＿＿＿＿＿＿＿＿

商标注册号：＿＿＿＿＿＿＿＿＿＿＿＿＿＿

国际分类：＿＿＿＿＿＿＿＿＿＿＿＿＿＿＿

商标注册国家或地区：＿＿＿＿＿＿＿＿＿＿

商标注册公告日期：＿＿＿年＿＿＿月＿＿＿日

专用权期限：自＿＿＿年＿＿＿月＿＿＿日起至＿＿＿年＿＿＿月

_____日止

产品或服务类别：_____

注册商标图样：（详见附件）_____

2. 许可使用产品或服务范围：_____

3. 注册商标许可使用方式：

（1）乙方有权用于产品、产品包装、产品说明文件。

（2）乙方有权用于产品交易文件、附件。

（3）乙方有权用于产品的广告或其他宣传推广活动。

（4）其他：_____。

4. 许可使用类型：

（1）独占使用许可。

（2）排他使用许可。

（3）普通使用许可。

5. 乙方不得再许可给第三方使用，也不得通过与第三方合作方式变相再许可给第三方使用。

6. 许可期限：原则上自合同生效时起_____年，但可依据合同第 × 条约定暂停授权或终止授权。

7. 许可地域：甲乙双方同意，许可只在中国境内（大陆及港澳台地区）区域范围内有效。乙方承诺不在前述许可区域范围以外直接或间接使用该商标，且在知晓或应当知晓第三方可能向前述许可区域范围以外的地区销售标有甲方商标的产品时，不得向该第三方出售相关产品。

8. 甲方应在本合同生效之日起 5 日内，将如下材料交付给乙方：

（1）加盖甲方公章的《商标注册证书》复印件。

（2）生产、制造该商标标识所需要的文档、电子文件。

（3）其他：_____。

9. 在许可期限内，乙方有权要求甲方出具符合本合同约定内容的商标授权书或授权证书。但为敦促乙方积极使用和积极维护甲方商标，甲方将在许可期限内，每年度向甲方出具为期一年的商标授权证书。

10. 在下列情形下，甲方有权暂停许可，恢复期双方协商确定：

（1）乙方怠于研发文创产品（每年应研发不少于____款新作品并实际应用于____款产品）。

（2）乙方怠于使用甲方商标。

（3）乙方再许可或变相再许可第三方使用甲方商标。

（4）乙方使用甲方商标的产品侵犯第三方知识产权（被法院或仲裁机构或政府部门认定构成侵权）。

（5）有证据证明或有理由相信乙方已经丧失文创研发能力。

（6）乙方陷入非正常经营状态（指经营停滞、资不抵债陷入破产危机、被纳入失信名单、被吊销营业执照等）。

（7）乙方拖欠许可费累计金额达到人民币 50 万元。

（8）其他：_____。

11. 发生下列情形，甲方有权立即单方解除合同，提前终止许可：

（1）许可期内，乙方使用甲方商标的产品侵犯第三方知识产权（被法院或仲裁机构或政府部门认定构成侵权）累计3 次。

（2）乙方拖欠许可费累计金额达到人民币 100 万元。

（3）乙方进入破产程序或清算程序。

（4）有证据证明或有理由相信乙方将分立或合并。

（5）其他：_____。

12. 许可期内，甲方授权乙方制作商标，且甲方有权监督乙方制作的商标以保证质量。

【注释】博物馆对外商标许可，务必慎重，应选择优质合作方；许可的方式一般不做独占许可；许可的使用范围要明确，尤其是排他许可要避免多个被许可人在许可范围上发生重叠；暂停、终止许可的实质都是为了敦促乙方妥善使用许可商标，避免博物馆商标被浪费和被滥用。

三、质量控制条款

（一）一般条款

1. 质量标准：符合国家质量合格标准和行业标准。

2. 技术标准：_____。

3. 其他标准：_____。

4. 除上述标准外，产品还应匹配：

（1）设计使用目的：_____。

（2）设计使用期限：_____。

5. 每一产品均应配套合格证书、使用说明文件等，且国家对该类产品外包装应注明信息，有行业规定的，应遵守规定。

6. 甲方或其代表有权在不提前通知乙方的情况下突击检查产品的质量和包装，乙方应予以配合。如有不符合合同约定、不符合法律规定的情况发生，乙方应立即采取补救措施。

甲方不应频繁突击检查，以妨碍乙方正常生产、备货。

7. 乙方承诺：良品率不低于 <u>90%</u>。

【注释】与质量相关的标准最好能清晰、准确；对难以清晰、准确描述的，可约定为符合设计使用目的、设计使用期限。

（二）博物馆内文创店经销产品的质量控制条款

乙方承诺，将严格控制所售产品质量。

1. 乙方采购产品进而销售的，应确保其销售产品的货源正当且进货渠道合法（产品来自正规厂商，或授权生产商或授权代理经销商），产品质量检验合格（乙方应查验产品合格证及生产批号）。

2. 乙方采购产品进而销售的，在乙方经营期间，如质检部门发现或乙方通过其他方式发现所销售的某类产品涉嫌或确认存在质量问题，乙方应及时采取暂停销售或产品下架等措施，防止出现恶性事件对甲方（和博物馆）产生不良影响。乙方因此遭受的损失由乙方自行向生产商、代理经销商等主张。

3. 乙方销售其自行生产/加工产品的，应确保自身具有生产/加工资质，生产、加工产品通过相关质检并取得合格证书、生产批号；一旦发现质量风险或质量问题应立即采取纠正措施。

4. 乙方应定期检查产品限制使用日期、限制食用日期、保质期、包装完好情况等，及时清理不合格产品。

5. 乙方销售的产品出现质量问题导致第三方受损而引发纠纷的，乙方自行处理并承担全部相关责任，与甲方（和博物馆）无关。如因此导致甲方（和博物馆）遭受经济损失和/或不良社会影响的，乙方承担损害赔偿责任和/或采取恢复名誉措施

（包括但不限于按照甲方要求向社会公开事件调查过程和结果，
必要时公开道歉等）。

6. 乙方因质量问题被食药监管部门、市场监督部门等采
取行政处罚、行政强制措施的，乙方自行处理和承担全部相关
损失。

7. 因质量问题导致甲方（和博物馆）被消费者频繁、有效
投诉的，则甲方有权要求乙方停业整顿。

【注释】馆内文创商店的产品质量问题是博物馆被投诉最
常见的情形，对馆内商品的质量需要更严格的约束。

四、合作终止清库存条款

1. 合作终止（包含期满终止、因解除而提前终止、因不可
抗力依法终止等）后，乙方应向甲方出具书面报告以说明库存
产品及正在加工生产线产品的名称、种类、数量等。

甲方有权进行实地盘查以确认上述产品实际情况是否符合
乙方报告。若乙方拒绝或实际阻碍甲方核查，则乙方将失去处
理该部分产品的权利。

2. 对该部分产品，按如下方式处理。

（1）双方同意继续按照合同第＿＿条约定方式销售、分成
的，就该部分产品延续沿用合同相关约定（包括监督条款、违
约条款等）。

（2）双方同意由甲方按照不超过成本价120%或者不高
于市场价50%价格回购的，甲方可回购后自行或委托第三方
销售。

（3）双方同意由乙方按照一定金额一次性买断该部分产品

销售权的，乙方支付一次性买断费用后，双方合作终止，乙方自行处置该部分产品。

（4）双方达成其他协议约定的，遵照履行。

（5）双方未能协商一致的，该部分产品应直接销毁。

【注释】对合作期内文创产品一直在生产的合同，很可能发生合作终止时有库存的情况，尤其是提前终止时，因此对终止时已经完成或正在生产的产品应做出安排，蛮横地要求合作方立即停止销售是不合理的，双方尽可能协商解决。

以上有关博物馆文创常用合同高频条款的样本，是本书作者编写提供给博物馆和各位读者参考的，请在实际使用时结合具体情况灵活变通。